I0458826

La escuela esencial del cristianismo

Currículo

Tomo I

HISTORIA

historia [latín]

1. Un registro escrito o relato verbal de eventos pasados y evolutivos de un pueblo, una institución o un lugar.

2. Un breve estudio sobre la expansión geográfica, la configuración de la estructura organizativa y el desarrollo doctrinal del cristianismo.

Jack Chalk

Globe Publishing

Pie de imprenta de Globe International Ministries, Inc.

Apartado postal 3040

Pensacola, FL, USA

www.globeintl.org

Copyright © Jack Chalk 2025

Jack Chalk ha cedido todos los derechos de autor, publicación y distribución, tanto nacionales como internacionales, a Globe International Ministries, Inc., Pensacola, Florida

No se puede reproducir ninguna parte de este libro en ninguna forma sin el permiso escrito del editor, excepto según lo permita la ley de derechos de autor de los EE. UU.

Reservados todos los derechos.

Todas las citas de las Escrituras, a menos que se indique lo contrario, han sido tomadas de la Santa Biblia, Reina-Valera 1960 ® © Sociedades Bíblicas en América Latina, 1960. Renovado © Sociedades Bíblicas Unidas, 1988.

Traducido por Nohemy Vargas

Portada del libro: Diseño gráfico de Globe

Disponible en:

Español tapa blanda - ISBN: **978-1-968041-10-6**
Español EPUB - ISBN: 978-1-968041-11-3
Inglés tapa blanda - ISBN: 978-1-968041-00-7
Inglés EPUB - ISBN: 978-1-968041-01-4

POR QUÉ GLOBE PUBLICA

La escuela esencial del cristianismo

Con el creciente interés por la religión y las creencias religiosas en todo el mundo, en particular por la fe cristiana, incluso entre personas no religiosas, ha surgido la necesidad de hacer accesibles los fundamentos del cristianismo a quienes buscan información. El misionero y autor de Globe, Jack Chalk, ha facilitado este acceso. En cinco volúmenes, Jack presenta de forma fácil de entender los fundamentos de la fe cristiana: Historia (la expansión geográfica y el desarrollo doctrinal de la fe), Ortodoxia (lo que los cristianos creen sobre Dios y la vida), Apologética (la evidencia que valida las creencias cristianas), Filosofía (la cosmovisión subyacente o naturaleza de la realidad a la que se adhieren los cristianos) y Ortopraxis (cómo se requiere que los cristianos vivan en el mundo). Cualquier persona, ya sea recién interesada en las creencias religiosas, un estudioso veterano de las religiones del mundo o ya cristiana, encontrará en La Escuela del Cristianismo una obra informativa y útil.

J. Douglas Gehman, Presidente
Globe International Ministries, Inc.

LA ESCUELA ESENCIAL DEL CRISTIANISMO

Tomos curriculares

El rápido crecimiento del cristianismo durante las últimas décadas ha hecho que muchas personas abracen la fe cristiana sin conocer realmente todo su contenido. La razón inicial para convertirse en cristiano es aceptar el regalo gratuito de la salvación a través de Jesucristo, siendo así liberado del poder, la contaminación y el juicio del pecado. La nueva vida en Cristo tiene su propia historia, propósito y destino que es diferente del mundo y la cultura en la que uno nace físicamente. Hay mucho que los cristianos deben saber acerca de su fe.

Esta serie de tomos no es apologética sino didáctica, no defiende la fe, sino que enseña la fe, no trata de convencer al lector de que el cristianismo es verdad, sino que expone las verdades del mismo. Es cierto porque:

El cristianismo tiene una historia verdadera.
El cristianismo tiene creencias verdaderas.
El cristianismo tiene hechos que respaldan sus creencias.
El cristianismo tiene creencias que son razonables y consistentes con la realidad.

El cristianismo tiene creencias que se pueden vivir en el mundo de hoy.

El propósito de estos tomos es presentar el contenido básico de la fe cristiana en un lenguaje y términos que puedan ser fácilmente comprendidos por el miembro promedio de la iglesia. Al hacer eso, solo se presentarán los hechos y creencias esenciales del verdadero cristianismo, y no cuestiones secundarias que tienden a dividir. Estos hechos y creencias esenciales deben definir el cristianismo en todos los países y culturas del mundo.

Los tomos de este plan de estudios se dividen por asignaturas según el propósito de la serie.

Tomo I – Historia (De aquí es de donde venimos.)
Tomo II – Ortodoxia (Esto es lo que creemos.)
Tomo III – Apologética (Esta es la razón por la que lo creemos.)
Tomo IV – Filosofía (Por eso tiene sentido para nosotros.)
Tomo V – Ortopraxia (Así es como lo vivimos.)

Que al leer estos tomos usted pueda ser edificado en su fe y crezca en la gracia y el conocimiento de nuestro Señor y Salvador Jesucristo.

Abreviaturas de libros la Biblia

Antiguo Testamento		Nuevo Testamento	
Génesis	Gén.	Mateo	Mt.
Éxodo	Éx.	Marcos	Mc.
Levítico	Lev.	Lucas	Luc.
Números	Núm.	Juan	Jn.
Deuteronomio	Deut.	Hechos de los Apóstoles	Hech.
Josué	Jos.	Romanos	Rom.
Jueces	Jue.	1 Corintios	1 Cor.
Rut	Rut.	2 Corintios	2 Cor.
1 Samuel	1 Sam.	Gálatas	Gál.
2 Samuel	2 Sam.	Efesios	Ef.
1 Reyes	1 Re.	Filipenses	Fil.
2 Reyes	2 Re.	Colosenses	Col.
1 Crónicas	1 Cró.	1 Tesalonicenses	1 Tes.
2 Crónicas	2 Cró.	2 Tesalonicenses	2 Tes.
Esdras	Esd.	1 Timoteo	1 Tim.
Nehemías	Neh.	2 Timoteo	2 Tim.
Ester	Est.	Tito	Tit.
Job	Job	Filemón	Filem.
Salmos	Sal.	Hebreos	Heb.
Proverbios	Prov.	Santiago	Sant.
Eclesiastés	Ecl.	1 Pedro	1 Pe.
Cantar de los Cantares	Cant.	2 Pedro	2 Pe.
Isaías	Is.	1 Juan	I Jn.
Jeremías	Jer.	2 Juan	2 Jn.
Lamentaciones	Lam.	3 Juan	3 Jn.
Ezequiel	Ez.	Judas	Jds.
Daniel	Dan.	Apocalipsis (de Juan)	Apoc.
Oseas	Os.		
Joel	Jl.		
Amós	Am.		
Abdías	Abd.		
Jonás	Jon.		
Miqueas	Miq.		
Nahún	Nah.		
Habacuc	Hab.		
Sofonías	Sof.		
Ageo	Ag.		
Zacarías	Zac.		
Malaquías	Mal.		

CONTENIDO

INTRODUCCIÓN

En nuestro estudio del cristianismo, la iglesia cristiana y la cosmovisión cristiana, es sabio comenzar por el principio, con un estudio de la historia del cristianismo (a lo largo de este volumen, la historia cristiana y la historia de la iglesia se usan indistintamente). Cuando te conviertes en cristiano, entras en un río de agua viva que ha estado fluyendo durante más de 2000 años. No siempre ha tenido el aspecto que tiene hoy. Como cualquier río, es más profundo en algunos lugares y épocas que en otras; es más amplio en algunos lugares y épocas que en otras; y fluye más rápido en algunos lugares y momentos que en otros. Como un río, las circunstancias han alterado su curso desde que comenzó a fluir desde Jerusalén, pero a diferencia de cualquier otro río, fluye de regreso hacia su fuente, el Señor Jesucristo.

El historiador eclesiástico suizo, Philip Schaff, da varias razones por las que el estudio de la historia cristiana es útil. En la historia se puede encontrar la columna vertebral de la teología que la mantiene recta, y también el almacén del que se extrae el suministro de teología. Asimismo, ella revela el desarrollo gradual del plan de redención de Dios en la historia, trazando el desarrollo moral y religioso de la humanidad. El estudio de su historia es la clave para entender la condición actual de la cristiandad. "El presente es el fruto del pasado y el germen [semilla] del futuro". Finalmente, Schaff da el valor práctico de la historia cristiana para todos los cristianos, de ella se pueden recibir advertencias, aliento, consuelo y consejo. La historia cristiana da sentido filosófico coherente a los hechos de la historia. Es "el cristianismo en ejemplos vivos".

En el momento de escribir estas líneas, la propia la historia, como disciplina, está bajo el ataque de filósofos en constante cambio y de críticos superiores de la literatura antigua. Comenzando con el filósofo Hegel (1770–1831), la interpretación de la historia y la forma en que se registra se ha convertido en una cuestión de interpretación filosófica, en lugar de ser un registro de hechos del pasado. El filósofo Wilhelm Dilthey (1833–1911) argumentó que solo podemos interpretar el pasado a través de los conceptos y preocupaciones del presente. En otras palabras, el presente nos ayuda a interpretar el pasado. Esta idea evolucionó hasta convertirse en la doctrina posmoderna de la discontinuidad o fragmentación de los acontecimientos históricos, en la que no existe un patrón de relación o una teoría que lo abarque todo, que pueda explicar la historia. Si esto fuera cierto, haría que la Biblia fuera inútil como registro histórico, y que el estudio de la historia cristiana fuera un estudio de las ideas del historiador en lugar de los eventos reales que tienen lugar en la historia de la iglesia.

La visión cristiana de la historia es opuesta a la visión filosófica secular. El ataque a la veracidad de la historia escrita es un ataque a la Biblia como la historia escrita de Dios. En palabras de Francis Schaeffer, "Dios es un verbalizador y nos hizo verbalizadores para poder comunicarse con nosotros". Si esa comunicación no era "buena" y no transmitía los pensamientos de la Fuente a los pensamientos del receptor, sería un fracaso. Dios no es un fracasado, de lo contrario no sería Dios. Dios no ha dejado de comunicar la verdad a sus profetas y apóstoles a quienes usó para escribir la Biblia. La comprensión cristiana de la vida proviene de acontecimientos históricos: los actos de Dios en la historia. La revelación cristiana se compone de estos acontecimientos y de su interpretación bíblica.

La historia es Su historia. Es la historia del trato directo de Dios con la humanidad a través de los israelitas, a través de Jesucristo y a través de Su iglesia, todo culminando en el establecimiento del Reino de Dios en este mundo. El ascenso y la caída de civilizaciones, naciones, gobiernos y gobernantes son significativos solo en la medida en que encajan en esa historia. El punto de vista cristiano es que (1) Dios controla la historia; (2) Dios actúa personalmente en la historia; (3) Dios tiene un propósito y una meta para todos los eventos de la historia; y (4) Dios pondrá fin a la historia cuando, en palabras de Felipe Schaff, "la corriente del tiempo se detenga en el océano de la eternidad". Este punto de vista se aplica a toda la historia, aunque el presente tomo se concentra en la historia de la iglesia. La historia de la iglesia es el vivo cumplimiento en la historia del mundo de aquellas parábolas gemelas del Señor, el grano de mostaza y la levadura (Mateo 13:31–33). Registra cómo el cristianismo comenzó a partir de la pequeña semilla de unos pocos creyentes en Jerusalén y creció hasta que sus ramas se extendieron por todo el mundo. También registra cómo el ser cristiano fluye en el individuo creyente, para cambiar todo lo que hay en su interior y, por lo tanto, afectando las cosas externas.

Para el cristiano, hay mucho que se gana estudiando la historia de la Iglesia. Da una comprensión del contexto en el que vivimos nuestro cristianismo en el presente. La pregunta de hoy, "¿por qué?", se responde estudiando el pasado. ¿Por qué hay una Iglesia Católica Romana y una

Iglesia Protestante? ¿Por qué hay tantas denominaciones en la Iglesia Protestante? Dado que el presente es la cosecha del pasado y la semilla del futuro, la historia de la iglesia puede ser una guía para el futuro. En 1 Corintios 10:6, 11 se nos dice que tomemos las advertencias del pasado para que podamos evitar los mismos errores en el futuro. Es muy común que las nuevas herejías en la iglesia sean en realidad viejas herejías en una nueva forma. Estudiar la historia de la iglesia puede ser una fuente de esperanza, aliento y motivación para el cristiano. En Romanos 15:4 leemos: "Porque las cosas que se escribieron antes, para nuestra enseñanza se escribieron, a fin de que por la paciencia y la consolación de las Escrituras, tengamos esperanza". Las Escrituras nos dicen que la iglesia primitiva fue perseguida, y la historia subsiguiente nos dice que la verdadera iglesia todavía es perseguida en muchas partes del mundo, pero los cristianos no deben temer por el futuro de la iglesia, porque la historia nos muestra el carácter indestructible de la iglesia.

El estudio de la historia de la iglesia es una ayuda para el estudio de la teología. La teología sistemática es mucho más comprensible cuando se estudia su desarrollo histórico. Finalmente, el estudio de la historia de la iglesia puede liberar al cristiano de un enfoque demasiado estrecho en ciertas divisiones de la iglesia de hoy. Nos hará menos inclinados a la denominación, y nos dará un sentido de unidad del verdadero cuerpo de Cristo en todas las edades. Nos volveremos más tolerantes con los cristianos que difieren con nosotros en lo no esencial, pero que, al igual que nosotros, aceptan las doctrinas básicas y esenciales de la fe cristiana. Solo puede haber un cuerpo de Cristo en la historia pasada, presente y futura.

Muchos volúmenes de la historia de la iglesia se han escrito en los últimos veinte siglos. Cada historiador tiene varias fuentes a las que recurrir para construir su historia, algunas divinas, otras humanas, y por supuesto, sólo podía escribir la historia de la iglesia hasta su propia época. Las fuentes utilizadas para escribir la historia de la iglesia se encuentran en formas escritas y no escritas. La fuente divina está en forma escrita. La Biblia nos da la historia del reino de Dios desde Su creación del mundo hasta el final de la era apostólica (alrededor del final del primer siglo d.C.). Después de que los apóstoles murieron y el Nuevo Testamento fue completado, solo tenemos fuentes humanas, algunas escritas y otras no escritas, y ninguna es infalible. Las fuentes escritas utilizadas por los historiadores eclesiásticos consisten en documentos oficiales de la iglesia y de las autoridades civiles, actas escritas en concilios y confesiones de fe, leyes eclesiásticas y cartas oficiales. También están disponibles los escritos privados de los líderes de la iglesia durante los primeros seis siglos, los escolásticos y místicos de la Edad Media, y los reformadores del siglo XVI. Las inscripciones en tumbas y catacumbas también se suman a la historia escrita de la iglesia, así como a los reportes de testigos oculares de los eventos narrados por los historiadores a medida que sucedieron. Las fuentes no escritas de la historia de la iglesia se ven en las formas físicas de sus edificios, las obras de escultura, pintura y monumentos. Estos reflejan la forma de pensamiento de la era en que se produjeron, y cómo cambiaron con la expresión externa del cristianismo a través de los siglos.

Necesitamos hacer una cosa más antes de comenzar nuestro estudio de la historia de la iglesia, y es establecer la escena mundial en el momento de la venida de Cristo y el establecimiento de Su iglesia en la tierra. Según el historiador eclesiástico Kenneth Latourette, había cuatro civilizaciones importantes en la época de Cristo. El Imperio Persa estaba situado al este del Imperio Romano y era enemigo de éste. Su religión oficial era el zoroastrismo, el cual ofrecía mucha resistencia a las nuevas religiones que intentaban abrirse camino en Persia. Al este y al sur de Persia estaba la India, donde el budismo y el hinduismo eran las religiones mayoritarias, y éstas también se resistían a las nuevas religiones. China estaba en el extremo oriental de Persia. Era un imperio muy grande, que abarcaba muchos dialectos, pero con solo una religión permitida por el estado, el confucianismo. La cuarta civilización importante fue el Imperio Romano, aquel al que Cristo vino. Dios había orquestado la historia del mundo para hacer del Imperio Romano el lugar correcto y el momento adecuado para que viniera el Mesías judío y que el evangelio cristiano resultante se extendiera rápida y ampliamente.

El Imperio Romano incluía la mayor parte de las tierras colindantes al mar Mediterráneo y gran parte de la Europa actual. Se extendía desde el Mar del Norte en el norte hasta el norte de África y al desierto del Sahara en el sur, y desde España en el este hasta el río Éufrates, en el actual Irak, en el oeste. Políticamente, había unidad, y el gobierno permitía mucha autonomía en las provincias siempre y cuando se pagaran los impuestos. Religiosamente, había una pluralidad y mucha tolerancia para todas las religiones, y con el culto al Emperador añadido a cada religión para promover la devoción al estado. Todo lo que Roma quería de sus súbditos era lealtad al estado, lealtad al emperador y paz. Esto fue posible por varios siglos a través de la gobernanza descentralizada con una fuerte representación local.

La unidad política, las buenas carreteras y la capacidad de rodear el mar Mediterráneo hicieron que el comercio en todo el Imperio fuera deseable y alcanzable. Los viajes comerciales también trajeron consigo un intercambio de ideas filosóficas y sociológicas, lo que resultó en una cultura mayoritariamente unificada. Eso, en sí mismo, muestra la mano de Dios en acción, ya que el Imperio Romano consistía en tres civilizaciones divergentes, la romana, la griega y la hebrea. La civilización griega era la más influyente, ya que era la más antigua y completa. Incluía ciencia, filosofía, literatura, arquitectura, arte y, lo más importante para el Evangelio, el lenguaje. El idioma griego, a pesar de que hoy en día solo se usa localmente, es considerado por muchos lingüistas como uno de los mayores logros de la mente humana. La riqueza de sus reglas gramaticales, la forma en que las palabras se organizan para formar frases y oraciones, su flexibilidad, además de otras de sus características lingüísticas, lo convierten en el medio de comunicación más expresivo jamás desarrollado para el pensamiento humano. Por lo tanto, fue el medio más expresivo jamás desarrollado para que Dios comunicara sus pensamientos a los seres humanos. Los libros de nuestro Antiguo Testamento fueron traducidos al griego en el siglo III a.C. (se llama la Septuaginta, la palabra griega para "setenta", debido al número de traductores), y se convirtieron en las Escrituras usadas por Jesús y los apóstoles. El Nuevo Testamento fue escrito en griego, usando su vocabulario riguroso para expresar lo que de otro modo serían conceptos difíciles de entender. El griego fue el idioma de Platón y Aristóteles y de los padres de la iglesia primitiva. Según J. Herbert Kane, "el griego, el idioma de la filosofía, se convirtió también en el lenguaje de la teología". Cuando Pablo y los otros apóstoles viajaron en sus viajes misioneros, no tuvieron que aprender un idioma extranjero y no necesitaron un intérprete.

Como se dijo anteriormente, la civilización griega fue la más influyente en el Imperio Romano, pero la civilización hebrea fue la más influyente en la propagación del cristianismo en todo ese imperio. La palabra "hebreo" se refiere a Abraham y sus descendientes a través de Isaac y Jacob. El origen de la palabra no es seguro. También se refiere al lenguaje que utilizaron. Otras dos palabras se usan comúnmente para referirse a la misma raza de personas: "los israelitas", refiriéndose a los descendientes de Jacob cuyo nombre fue cambiado a Israel, y "los judíos", originalmente refiriéndose a la tribu israelita de Judá, pero luego refiriéndose a todos los hebreos en todo el mundo. En la Biblia y en este tomo, las tres palabras se usan indistintamente.

En la época de Cristo, los judíos estaban dispersos por todo el Imperio Romano. Este hecho por sí solo fue un gran factor en la preparación del mundo para la extensión del cristianismo. En cada comunidad judía había un centro de reunión y enseñanza llamado sinagoga. Allí, se adoraba solo a un Dios, y se enseñaba la expectativa de un Mesías venidero a partir de las escrituras sagradas que estaban en el idioma griego común del mundo romano. La adoración de un Dios todopoderoso en las sinagogas atrajo a muchos gentiles (no judíos) que estaban interesados en lo que estaba sucediendo, y que incluso se convirtieron en adoradores del Dios judío (Hechos 13:16). De este grupo de "temerosos de Dios" (Hechos 2:5) vino la respuesta más entusiasta al evangelio. Para convertirse en judíos tenían que ser circuncidados, lo que era considerado brutal por los romanos y griegos. Para convertirse en cristianos, podían recibir todo lo que la religión judía tenía para ofrecer, además de la seguridad de la eternidad en el cielo, sin tener que ser circuncidados. Dondequiera que el apóstol Pablo llegaba, iba primero a las sinagogas a predicar el evangelio, y fue de este grupo que ganó la mayor cantidad de conversos. Las iglesias cristianas locales estaban organizadas como la sinagoga judía con un anciano-maestro en lugar de un rabino-maestro.

El texto principal de este tomo está organizado en tres secciones. La Sección I – Misiones, traza la expansión geográfica del cristianismo desde

Jerusalén a todo el mundo en el primer siglo. La Sección II – Eclesiología, trata de la historia de la organización, el gobierno y los edificios de la iglesia. La Sección III – Ortodoxia, presenta la historia del desarrollo de las doctrinas y credos cristianos. Tenga en cuenta que este volumen no es un tratado académico sobre el tema, sino que pretende ser una visión general fácil de leer y comprender de la historia del cristianismo.

La mayoría de las Biblias tienen un conjunto de mapas en sus últimas páginas. Usualmente, uno de esos mapas es del Imperio Romano en el tiempo de Cristo, y otra traza los viajes misioneros del apóstol Pablo. Es muy recomendable que tenga estos mapas frente a usted cuando comencemos el estudio de la expansión geográfica del cristianismo. Que crezcas en la gracia y en el conocimiento de nuestro Señor Jesucristo y de Su iglesia mientras lees este tomo.

† † †

<u>Preguntas de repaso</u>

1. Mencione algunas razones por las que el estudio de la historia cristiana es útil.

2. ¿En qué se diferencia la visión cristiana de la historia de la visión secular moderna?

3. ¿Qué se gana con el estudio de la historia de la iglesia?

4. ¿Qué fuentes se utilizan para escribir la historia de la iglesia?

Sección I

MISIONES

Capítulo 1

PERÍODO BÍBLICO DE LAS MISIONES APOSTÓLICAS SIGLO I d.C.

El nacimiento de Jesucristo no solo afectó profundamente la historia del mundo, sino que también afectó la forma en que se fecha la historia del mundo. Antes de que el Imperio Romano se cristianizara, cada imperio mundial tenía su propio sistema de fechas y calendario, al igual que los judíos en el Antiguo Testamento y varias religiones paganas. En el año 532 d.C., un monje llamado Dionisio el Exiguo calculó lo que él creía que era el año en que nació Cristo. Ese se convirtió en el año cero, y él numeró los años hacia atrás y hacia adelante usando una designación de a.C. para los años antes del nacimiento de Cristo, y d.C. (del latín *anno Domini* que significa "en el año de nuestro Señor") para los años posteriores al nacimiento de Cristo. El quinto año antes del nacimiento de Cristo sería el año 5 a.C. y el quinto año después de su nacimiento sería el año 5 d.C. Para el año 1400 d.C., este método de datación se usaba en todos los países cristianos. En tiempos modernos, algunos académicos han cambiado las designaciones a A.E.C. que significa antes de la era cristiana, y E.C., que significa la era cristiana, que designa los años después del nacimiento de Cristo. El deslizamiento hacia la eliminación total de la referencia a Cristo en el sistema de datación ha tocado fondo con los académicos seculares que ahora usan E.C. para representar la era común, y A.E.C. para significar antes de la era común.

Otro punto concerniente a las fechas tiene que ver con la numeración de los siglos. Puede haber cierta confusión cuando se identifica un siglo como primero, segundo, tercero, cuarto, etc. Comenzando con el nacimiento de Cristo, los siglos se cuentan hacia atrás y hacia adelante, comenzando con el primero, segundo, tercero, etc., siendo el año del nacimiento de Cristo cero. Los primeros 100 años hacia adelante o hacia atrás serían 1–99 a. C. o 1–99 d. C. Estos años se identifican como el siglo I d.C. y a.C. El segundo siglo comprende los años 100–199 d.C. y a.C. El siglo III comprende los años 200–299 d.C. y a.C. La confusión proviene de que el número del siglo es uno más que el número de los cien años a los que hace referencia. En otras palabras, en años, los años 200 son el siglo III. Dado que este texto es una visión general de la historia de la Iglesia, las fechas dadas a menudo no serán exactas, sino que solo harán referencia a siglos. Tenga en cuenta lo anterior al relacionar los siglos con el período adecuado de cien años.

El hecho de que se trate de un vistazo general de la historia de la Iglesia requiere no sólo que las fechas sean generales, sino también que los nombres de las personas involucradas en la difusión geográfica del cristianismo se usen con moderación. En esta sección, estamos más interesados en el "dónde y cuándo" del evangelismo mundial para que el lector pueda saber cuándo, e incluso cómo, el cristianismo llegó a su parte del mundo. Cualquier lector interesado en más detalles puede consultar la Lectura sugerida al final del volumen para ver los libros que serían más útiles.

La historia de la expansión geográfica del cristianismo revela un patrón de ser plantado y arraigado en algunas áreas del mundo, mientras que en otras áreas fue plantado, extinguido y replantado, a veces siglos después, antes de echar raíces. El primer siglo vio una rápida difusión del Evangelio de Cristo a la mayor parte del mundo conocido. Siglos posteriores, hubo misioneros que regresaron a algunas de las mismas áreas sin encontrar ningún testimonio del Evangelio y tuvieron que comenzar de nuevo el proceso de evangelización.

Las probabilidades estaban en contra de que el cristianismo se convirtiera en una religión mundial

Desde el principio, ciertos hechos concernientes a Jesucristo y sus seguidores deberían haber impedido que el cristianismo fuera ampliamente aceptado. El hombre en cuya vida y enseñanzas se funda el cristianismo fue judío, que, como raza y religión, era una minoría muy pequeña de la población que no quería mezclarse con los no judíos. Nació en un establo, fue pobre toda su vida, y como adulto, nunca viajó más de 150 millas desde su lugar de nacimiento. Nunca escribió un libro ni fundó una escuela. Él solo estaba interesado en individuos, no en el número de seguidores, escogiendo a doce hombres para que fueran Sus discípulos, y pasando la mayor parte de Su tiempo con ellos. En el apogeo de su popularidad, se negó a ser reconocido como un rey terrenal. Fue odiado y finalmente asesinado por los líderes de su propia religión. Fue crucificado en una cruz, la forma de ejecución reservada para los criminales más viles.

Sus seguidores eran una mezcla mayoritaria de pescadores, recaudadores de impuestos y mujeres, ninguno de los cuales era muy apreciado en las culturas judía o romana. No tenían dinero ni influencia en la sociedad. Carecían de una organización central y no tenían un plan de cómo seguir adelante después de la muerte de su líder.

Las autoridades judías rechazaron su afirmación de deidad y trataron de detenerlo. Los líderes políticos del Imperio Romano rechazaron su pretensión de ser Rey de los judíos y trataron de detenerlo. Finalmente colaboraron, y en un simulacro de juicio, basado en acusaciones falsas y el testimonio de testigos mentirosos, encontraron culpable a este hombre inocente y lo sentenciaron a ser ejecutado.

Y, sin embargo, dentro de los 60 años posteriores a la muerte de Jesucristo, el cristianismo se había extendido desde Jerusalén hasta Roma (Italia), con una iglesia cristiana en casi todas las ciudades importantes del Imperio Romano de Oriente, hasta Asia y el norte de África. Con un comienzo tan poco prometedor, ¿cómo se convirtió el cristianismo en una religión mundial?

Cosas que ayudaron al cristianismo a convertirse en una religión mundial

Además de la infraestructura física del Imperio Romano que permitía viajar libre y relativamente fácil a través de sus regiones, había ciertas cosas sobre Cristo y el cristianismo mismo que ayudaron a la propagación del cristianismo en ese primer siglo. En primer lugar, el "Evento" había sucedido. Dios se hizo hombre y habitó entre nosotros. Este Dios–Hombre, Jesucristo, había vivido una vida sin pecado, había sido crucificado, muerto y sepultado, y resucitó de la tumba al tercer día, tal como Él había dicho. Estos hombres y mujeres fueron testigos oculares del "Acontecimiento" de Cristo y habían sido llenos del Espíritu Santo de Dios en el día de Pentecostés. Habían sido cambiados en su interior por Cristo y tenían un deseo ardiente de decir a otros sobre este Evangelio (buenas nuevas), sin importar el costo para ellos personalmente.

Otra cosa que ayudó a que el cristianismo se convirtiera en una religión mundial tan rápidamente fue el hecho de que las enseñanzas de Cristo satisfacían una necesidad ampliamente sentida por la gente. Los filósofos griegos Platón, Sócrates y Aristóteles, y los que vinieron después de ellos hasta el tiempo de Cristo, habían hecho lo que hacen los filósofos: plantear las preguntas profundas de la vida, pero dar sólo respuestas inciertas en el mejor de los casos. La gente del primer siglo d.C. estaba preocupada por la moralidad personal, la responsabilidad personal y la inmortalidad personal. Los filósofos y las religiones del mundo grecorromano sólo hablaban de la naturaleza transitoria de la vida y del cosmos, y de la lucha por la inmortalidad. El hoy está aquí y mañana se ha ido, pero ¿de dónde y hacia dónde? El cristianismo tenía respuestas a estas preguntas, junto con un mensaje de gracia que hacía de la moralidad y la inmortalidad un don más que una meta. Las preguntas siguen siendo relevantes hoy en día y el cristianismo sigue siendo la única fuente de respuestas verdaderas que reflejan la verdadera realidad.

Una cosa, tan importante como las otras, que hizo que los cristianos fueran una atracción para la gente fue la forma en que los cristianos del primer siglo vivían en el mundo, sin ser del mundo. Vivían en un plano más elevado que sus vecinos paganos. El historiador Herbert Kane enumera las dos virtudes sobresalientes de la iglesia primitiva, la castidad y la caridad. En el área de la castidad (pureza moral y espiritual), el ejemplo seguido por los cristianos del primer siglo fue la vida sin pecado de Jesucristo, un acontecimiento único en el mundo. Una vez más, Kane declara: "La vida romana en aquellos tiempos se caracterizaba por dos grandes pecados: la idolatría y la inmoralidad. Su vida religiosa estaba dominada por la primera, su vida social por la segunda". Vivir en el mundo y no ser contaminado por el mundo es un gran problema para los cristianos de todas las edades. La primera generación de cristianos tuvo éxito en esto por la gracia de Dios. Sus negocios y prácticas cívicas eran irreprochables. Sus matrimonios, su vida familiar y sus relaciones con otros cristianos eran como lo ordenaban las cartas del apóstol Pablo. Según Kane, su separación de las actividades mundanas era más evidente en el asunto del entretenimiento. Las principales formas de entretenimiento en el Imperio Romano eran los teatros y los juegos de gladiadores en los que los hombres luchaban hasta la muerte en las arenas. Los cristianos no iban a los teatros debido a la inmoralidad de los hombres y dioses representados allí. No iban a las arenas porque los espectáculos de gladiadores estaban dedicados a los dioses romanos, y por la profunda convicción de que entretenerse viendo a una persona ser asesinada equivalía a hacer el acto mismo. Si bien los cristianos no intentaron protestar o manifestarse contra tales atrocidades, su mera negación a participar por motivos morales llevó a que la opinión pública cambiara, y para cuando Constantino llegó al poder (306 d.C.), esas formas de entretenimiento estaban restringidas.

La forma en que los primeros cristianos practicaban la caridad (amor) también era un imán que atraía a los no cristianos. Jesús dio este mensaje a sus discípulos: " Un mandamiento nuevo os doy: Que os améis unos a otros; como yo os he amado, que también os améis unos a otros. En esto conocerán todos que sois mis discípulos, si tuviereis amor los unos con los otros." (Juan 13:34–35). El mandamiento de amar como Jesucristo amó sería un amor sacrificial, aun hasta la muerte. La Iglesia primitiva se dispuso a practicar ese tipo de amor. El Nuevo Testamento registra que los primeros cristianos tenían todo en común y vendían sus posesiones para poder dárselas a los necesitados (Hechos 2:44–45). Los cristianos de

Antioquía enviaron fondos para aliviar la hambruna a los cristianos de Jerusalén. Sus actos de caridad no se limitaban a sus compañeros cristianos. Ayudaban a todos los necesitados en la medida de sus posibilidades, dando limosna a los pobres, cuidando de las viudas y los huérfanos, y visitando a los encarcelados. Esto contrasta con la cultura romana, que fue influenciada por las sugerencias de Platón de que permitir que los pobres murieran acortaría su miseria. A los romanos no les importaban los pobres, los huérfanos, los prisioneros o los esclavos. La práctica caritativa que más impresionó a los paganos fue la de proveer sepultura a los pobres. Los romanos llevaban los cadáveres de los pobres fuera de las ciudades, y dejaban que las bestias salvajes y las aves los devoraran. Los cristianos odiaban ver la imagen y la creación de Dios tratada de esa manera, por lo que proporcionaban un entierro adecuado y, finalmente, adquirieron cementerios para cristianos y no cristianos. Estos ministerios de misericordia a los paganos ayudaron a cerrar la boca de sus posibles críticos.

Una última cosa que ayudó a la propagación del cristianismo en el primer siglo y en los siglos que siguieron, fue la persecución. Jesús había advertido a sus discípulos que serían perseguidos así como Él fue perseguido (Juan 15:20) y que llegaría el momento en que cualquiera que matara a uno de sus discípulos pensaría que estaba haciendo un servicio a Dios (Juan 16:2). La historia de la Iglesia cristiana registra el cumplimiento de las palabras de Jesús.

Durante el período cubierto por el libro de los Hechos (hasta aproximadamente el año 63 d.C.), la persecución fue principalmente de los judíos más que de los romanos. Inicialmente, Roma quería la paz entre judíos y cristianos, por lo que protegieron a los cristianos de la persecución judía. El cristianismo comenzó como una secta judía y fue tolerado por los líderes judíos, pero para el año 50 d.C., se dieron cuenta de que la nueva secta no iba a desaparecer, y los seguidores de Jesús habían adquirido una identidad propia, ahora eran llamados "cristianos" (Hechos 11:26). La persecución judía de los cristianos aumentó. La razón por la que Roma comenzó a perseguir a los cristianos no está clara en el registro histórico. Lo que sí sabemos es que la renuncia de los cristianos a adorar al emperador romano fue considerada un acto de traición, y aunque algunos la pasaron por alto en el principio, pronto se convirtió en un motivo de represión y castigo. Para el año 64 d.C., profesar ser cristiano podía ser castigado con la muerte. Cuando Roma ardió durante ese año, el emperador Nerón culpó a los cristianos y los sometió a las formas más crueles de persecución. Pero lo que Satanás quiso para mal, Dios lo quiso para bien (Génesis 50:20). La persecución sirvió para fortalecer y difundir el cristianismo, en lugar de detenerlo. Cuando los romanos destruyeron Jerusalén, incluyendo el templo judío en el año 70 d.C., los cristianos en Roma finalmente obedecieron el mandato del Señor en Hechos 1:8 de llevar su testimonio de Jerusalén a Judea, Samaria y hasta los confines de la tierra. Dondequiera que iban, la persecución y el martirio de los cristianos daban a conocer la fe cristiana, ya que la matanza de cristianos era a menudo presenciada por miles en el anfiteatro. La palabra mártir significa "testigo". Los primeros cristianos que sufrieron o fueron asesinados a causa de su testimonio de Cristo fueron llamados mártires. De hecho, la forma en que murieron fue un testimonio del valor de su fe en Cristo, a menudo ante grandes multitudes. Estaban gozosos al participar de los sufrimientos del Señor Jesucristo, tal y como él señaló que sería el camino a su reino celestial. Se ha dicho que la sangre de los mártires es la semilla de la Iglesia porque, por cada cristiano que murió como mártir, muchos paganos abrazaron la fe cristiana.

Con estos antecedentes, estamos listos para comenzar nuestro estudio de la expansión geográfica del cristianismo en el primer siglo. Los pocos detalles que tenemos sobre la difusión del cristianismo durante estos primeros años se encuentran en el libro del Nuevo Testamento llamado Hechos, o en algunas versiones de la Biblia, Hechos de los Apóstoles. En el libro de Hechos se nombran muchos lugares, y cuando un nombre aparece por primera vez en este estudio, seguidamente se nombra entre paréntesis ese lugar según su nombre actual. Sería útil para usted conseguir Biblias con mapas en la parte de atrás y abrirlas en el libro de los Hechos.

La Difusión del Cristianismo desde el Registro Bíblico

El libro de los Hechos comienza registrando los acontecimientos posteriores a la resurrección de Cristo. Afirma que Él se apareció a sus apóstoles escogidos durante cuarenta días, hablándoles acerca del reino de Dios. En una ocasión, Él dio este mandamiento (Hechos 1: 4–5):

> Y estando juntos, les mandó que no se fueran de Jerusalén, sino que esperasen la promesa del Padre, la cual, les dijo, oísteis de mí. 5 Porque Juan ciertamente bautizó con agua, mas vosotros seréis bautizados con el Espíritu Santo dentro de no muchos días.

Por lo tanto, Jesús les estaba diciendo que Él enviaría al Espíritu Santo para dirigirlos y capacitarlos para cumplir Su propósito de dejarlos en la tierra después de que Él hubiera ascendido al cielo.

Los apóstoles todavía esperaban la liberación de Israel del dominio extranjero (los romanos) y el establecimiento del reino del Mesías en la tierra. Entonces le preguntaron: «Señor, ¿vas a restaurar el reino a Israel en este momento?» Su respuesta predijo la expansión geográfica del cristianismo (Hechos 1:7–8):

> Y les dijo: No os toca a vosotros saber los tiempos o las sazones, que el Padre puso en su sola potestad; pero recibiréis poder, cuando haya venido sobre vosotros el Espíritu Santo, y me seréis testigos en Jerusalén, en toda Judea, en Samaria, y hasta lo último de la tierra.

Después de decir esto, Jesús fue llevado al cielo, y estos hombres se quedaron mirando hacia la nube que ocultaba su ascensión, muy probablemente rascándose la cabeza y diciendo "¿Y ahora qué?". Se les ordenó que esperaran, y eso fue lo que hicieron. Diez días después, su espera fue recompensada cuando todos fueron llenos del Espíritu Santo en el día de Pentecostés (Hechos 2). El tomo sobre la Ortodoxia explicará con más detalle la Persona y la obra del Espíritu Santo. La información importante para este tomo es que desde Pentecostés en adelante, el Espíritu Santo de Dios ya no apareció de vez en cuando dando guía y capacitación a ciertos individuos. El Espíritu Santo llenó a cada uno de los creyentes presente en el día de Pentecostés y ha llenado a todos los posteriores. Esto significa que a medida que los apóstoles y los demás presentes obedecían el mandato de Jesús de ser Su testigo en todo el mundo, fueron guiados y capacitados por el Espíritu Santo en cada momento de cada día porque ahora el Espíritu residía en ellos. Muchos teólogos consideran que la venida del Espíritu Santo en el Pentecostés fue el nacimiento de la iglesia cristiana.

Otro gran acontecimiento que contribuyó a la difusión geográfica del cristianismo ocurrió justo después de la venida del Espíritu Santo y también se registra en el segundo capítulo de los Hechos. Cuando el Espíritu Santo llenó a los creyentes, inmediatamente comenzaron a hablar en "otras lenguas" o idiomas. Debido a que era el tiempo de la celebración judía de Pentecostés, había muchas personas de diferentes regiones del Imperio Romano presentes en Jerusalén. Cada uno de los presentes se asombró al oír a los creyentes declarar las maravillas de Dios en su lengua materna. Los versículos 5–11 describen esto y nombran las diferentes regiones representadas, que incluían el norte de África, Arabia, el este y el norte del Mediterráneo hasta Roma al oeste, y probablemente hasta la India al este. En un momento en el que la gente estaba perpleja y se preguntaba: "¿Qué significa esto?", el apóstol Pedro se puso de pie y predicó acerca de la muerte y resurrección de Jesucristo. Los oyentes se conmovieron profundamente y preguntaron qué debían hacer. Pedro les dijo que se arrepintieran y se bautizaran. Unas 3000 personas se arrepintieron y se bautizaron ese día. Así, en un día, el número de creyentes pasó de 120 a más de 3000. La mayoría de estos nuevos creyentes eran de fuera de Jerusalén, y cuando regresaron a sus respectivos hogares llevaron consigo el mensaje del Evangelio, comenzando así la expansión geográfica del cristianismo desde Jerusalén hasta los confines de la tierra, como el Señor lo había mandado.

Hasta ahora, el Evangelio solo había llegado a los judíos y a los conversos al judaísmo (Hechos 2:11). En Hechos 7–11 se registran varios acontecimientos que son significativos para abrir la predicación del evangelio a los gentiles (todos los que no son judíos) y la difusión del Evangelio fuera de Jerusalén. Primero, la persecución de los líderes judíos estaba comenzando, y un creyente llamado Esteban fue la primera víctima mortal. Él estaba predicando el evangelio y haciendo grandes maravillas y señales milagrosas entre la gente. Fue llevado ante el Sanedrín (el tribunal supremo de los judíos), acusado de blasfemia (irrespeto a Dios), sacado de la ciudad y apedreado hasta la muerte.

Esteban fue el primer mártir cristiano conocido. Hechos 8:1 registra: "En aquel día hubo una gran persecución contra la iglesia que estaba en Jerusalén; y todos fueron esparcidos por las tierras de Judea y de Samaria, salvo los apóstoles". Esto sigue el plan establecido por Jesús en Hechos 1:8 para ser Sus testigos en Jerusalén, Judea, Samaria y hasta los confines de la tierra. "Pero los que fueron esparcidos iban por todas partes anunciando el evangelio." (Hechos 8:5).

El segundo acontecimiento significativo en la difusión del evangelio a los gentiles fue la conversión de Saulo de Tarso. Siendo uno de los judíos más religiosos y celosos, había estado presente en el Sanedrín para el juicio de Esteban y fue testigo de su lapidación. Hechos 9 registra que Saulo se dirigía a Damasco para arrestar a los discípulos que encontrara en las sinagogas cuando un destello de luz del cielo lo derribó al suelo. Esa Luz era el Señor Jesús, quien dramáticamente se reveló a Sí mismo a Saulo, y Saulo se convirtió en un creyente. Saulo fue el instrumento escogido por el Señor para llevar el evangelio a los gentiles (Hechos 9:15). Saulo, cuyo nombre más adelante fue cambiado por Pablo, se convirtió en predicador de Cristo con tanto celo como el que antes había usado para perseguir a los discípulos de Cristo. Realizó varios viajes misioneros a otras tierras, convirtiéndose en el modelo para futuros misioneros, y escribió gran parte del Nuevo Testamento.

Un tercer acontecimiento significativo en la difusión del evangelio a los gentiles fue la visita de Pedro a la casa de Cornelio, un soldado romano (Hechos 10:1–33). Cornelio era un hombre religioso y temeroso de Dios preocupado por ayudar a los pobres. Dios envió visiones tanto a Cornelio como al apóstol Pedro; a Cornelio diciéndole que mandara a buscar a Pedro, y a Pedro mostrándole que los gentiles debían ser incluidos en el mensaje de salvación de Cristo. Pedro fue y predicó a

Cornelio y a su casa. Mientras predicaba, "el Espíritu Santo cayó sobre todos los que oían..." (Hechos 10:44), y Pedro ordenó que fueran bautizados en el nombre de Jesucristo. Esta es la primera conversión gentil al cristianismo en los registros, y abrió una compuerta para futuros creyentes gentiles, y eventualmente el cristianismo se convirtió en una fe predominantemente gentil.

En Hechos 8–12 se nos dicen algunos de los lugares geográficos a los que llegó el evangelio debido a la persecución de los cristianos en Jerusalén y su dispersión a otras regiones. El apóstol Felipe fue a Samaria (Palestina central), ganó un converso de Etiopía (África) y luego fue a Azoto (Franja de Gaza) y Cesarea (Siria). Otros fueron a Fenicia (Líbano y la costa de Siria), Chipre (una isla en el mar Mediterráneo) y Antioquía (Turquía), lugar donde los discípulos fueron llamados cristianos por primera vez.

El resto del libro de los Hechos registra la obra misionera del apóstol Pablo y sus colaboradores. La iglesia de Antioquía comisionó a Pablo y Bernabé y luego los envió a difundir el evangelio. Hechos registra que fueron a Salamina en Chipre, Pafos en Chipre, Perge en Panfilia (Turquía), Antioquía de Pisidia (Turquía), Iconio, Listra y Derbe (todas en Turquía). Pablo y Silas fueron a Tesalónica, Berea, Atenas y Corinto (todas en Grecia). Al final de Hechos, Pablo es arrestado y finalmente llevado a Roma (Italia) donde predicó. Un resumen de la rápida difusión geográfica del evangelio desde el libro de los Hechos sería:

Para el año 35 d.C. De Jerusalén a Capernaum (400 kms aprox.)
Para el año 40 d.C. a Tarso (Turquía) y Chipre (isla)
Para el año 48 d.C. a Éfeso e Iconio (Turquía)

Para el año 52 d.C. a Troas (noroeste de Turquía) y Tesalónica (Grecia)

Para el año 60 d.C. a Roma (Italia) y Sicilia (isla)

Pablo no fue el único misionero que trabajó en el primer siglo. Es una lástima, no hay muchos registros históricos de la actividad misionera de ese período, por lo que los nombres de otros se pierden. Se menciona iglesias en Siria y Cilicia (Turquía) en Hechos 15:23 y en Ponto, Capadocia y Bitinia (todas en Turquía) en 1 Pedro 1:1, pero no se nos dice por quién o cuándo fueron fundadas las iglesias. Hay algunos registros además de la Biblia, y algunas tradiciones que nos hablan de mensajeros del evangelio que iban a otras áreas del mundo. Bartolomé fue a la India en el año 62 d.C. (tradición), Marcos a Alejandría, Egipto en el año 64 d.C., Tomás fue asesinado en la India en el año 72 d.C. (tradición), Judas y Simón fueron a Gran Bretaña y Armenia en el año 79 d.C. (tradición), y Mateo murió en Persia (Irán) en el año 90 d.C. Teniendo en cuenta que Cristo fue crucificado en el año 33 d.C., esto es extraordinario teniendo en cuenta que no había aviones, automóviles o barcos impulsados por motores. Un celo por evangelizar y el poder del Espíritu Santo harán que la tarea se lleve a cabo, como lo demostraron estos cristianos del primer siglo.

† † †

Preguntas de repaso

1. ¿Cuál fue el acontecimiento que afectó profundamente la historia mundial y la forma en que se fecha la historia mundial?

2. ¿Estaban las probabilidades a favor o en contra del crecimiento del cristianismo? ¿Por qué?

3. ¿Cuáles fueron las cosas que ayudaron a que el cristianismo se extendiera y se convirtiera en una religión mundial?

4. Nombra algunos de los seguidores de Cristo sobresalientes en la extensión del Evangelio a los judíos y a los gentiles en el principio.

Capítulo 2

CRECIMIENTO GEOGRÁFICO DEL CRISTIANISMO

100–1300 d.C.

Mil doscientos años puede parecer un período muy largo para ponerlo en un capítulo. Sin embargo, si es posible hacerlo si se tiene en cuenta que este es un estudio que aborda únicamente el crecimiento geográfico del cristianismo, y no necesariamente las personalidades involucradas. La rápida difusión del cristianismo a lo largo de las costas al norte y oriente del Mediterráneo en el siglo I continuaron hasta que no hubo región en el Imperio Romano a la que el evangelio no hubiere alcanzado para finales del siglo III. Ya en el siglo 1300 d.C., a casi todo el mundo conocido se le había dado al menos una introducción al cristianismo.

El Señor Jesús contó dos parábolas (historias que describen eventos físicos que también tienen significados espirituales) en Mateo 13:31–33. La primera es la parábola del grano de mostaza en la que dijo: "El reino de los cielos es semejante al grano de mostaza, que un hombre tomó y sembró en su campo; el cual a la verdad es la más pequeña de todas las semillas; pero cuando ha crecido, es la mayor de las hortalizas, y se hace árbol, de tal manera que vienen las aves del cielo y hacen nidos en sus ramas.". La segunda es la parábola de la levadura: "El reino de los cielos es semejante a la levadura que tomó una mujer, y escondió en tres medidas de harina, hasta que todo fue leudado". Aquí, el reino de los cielos es el reino de Dios en la tierra que, durante esta era, reside en los corazones de los individuos cristianos. Estos individuos cristianos forman la iglesia, de modo que en estas parábolas el reino de los cielos puede ser igual a la iglesia cristiana. La expansión del reino de los cielos es la expansión de la iglesia.

La parábola del grano de mostaza habla de que la "más pequeña de todas tus semillas" se convierte en la "más grande de las plantas del huerto". En esta parábola, Jesús está enfatizando a sus discípulos que de pequeños comienzos, Jesús y una docena de discípulos, el cristianismo se extendería hasta convertirse en el movimiento religioso más grande del mundo. Aunque la apariencia inicial del reino puede parecer intrascendente, eventualmente, personas de todo el mundo se posarán en sus ramas. La parábola de la levadura enseña que los efectos que la iglesia cristiana produce en el mundo son mucho mayores que sus insignificantes comienzos. La parábola del grano de mostaza sugiere el crecimiento extensivo del cristianismo, mientras que la parábola de la levadura retrata la intensa transformación que el evangelio produce en individuos y naciones, a medida que el cristianismo se extiende. Estas dos parábolas se ven representadas en la historia de la iglesia, los siglos I y II representando el grano de mostaza, y los siglos III a V representando la levadura.

Desde el primer siglo, la expansión geográfica del cristianismo sigue un patrón de subida y bajada. Cada siglo ha producido cristianos con un celo misionero para difundir el evangelio. Durante los siglos que abarca este capítulo, los misioneros iban a un área no evangelizada y ganaban algunos conversos. Con el tiempo, esa zona sería conquistada por invasores, y los cristianos huirían para salvar sus vidas o serían asesinados. Luego, en algún siglo posterior, la zona volvería a ser evangelizada. Varios factores, como la conversión de reyes y la personalidad carismática de los misioneros, influyeron en la difusión del cristianismo en diferentes áreas. La palabra "área" se usa porque no fue hasta tiempos más recientes que estas áreas se dividieron en los países que conocemos hoy. Se mostrará entre paréntesis el nombre actual del país al que se refería como área, si ésta es conocida hoy día.

Durante los primeros siglos, el evangelio fue difundido por laicos. Eran mercaderes que viajaban por el Imperio Romano, y dondequiera que iban compartían su fe. Había pocos misioneros, con todo el sentido de la palabra, que viajaban solos para evangelizar nuevos territorios. Para el siglo IV, los obispos enviaban misioneros a áreas no evangelizadas en las que tenían un interés particular. En el siglo V comenzaron a aparecer individuos cuyos nombres se han hecho famosos por sus actividades misioneras. Estos fueron Patricio, que fue a Irlanda en el siglo V, Columba (Escocia), Columbano (Francia y Escandinavia) en el siglo VI y Bonifacio (Alemania) en el siglo VII.

Además de las personas que se hicieron muy conocidas durante este período, también hubo grupos de cristianos a los que se hará referencia de vez en cuando. Los nestorianos eran seguidores de Nestorio (aprox. 351–450), un antiguo obispo de Constantinopla que fue depuesto por enseñanzas controvertidas. La mayoría de sus partidarios huyeron a Persia (Irán) y fundaron la Iglesia Nestoriana. Tenía un vibrante celo misionero, con misioneros que penetraron la India, Turkmenistán, el

Tíbet (Asia Central) y China central. En la Edad Media, la Iglesia nestoriana se extendió desde Bagdad (Irak) hasta Pekín (China), y contaba con miles de obispos y misioneros. Las invasiones mongolas de los siglos XIII y XIV acabaron con la iglesia en Asia central y oriental. La Iglesia Nestoriana todavía tiene pequeñas congregaciones en Irak, Irán, Siria, India y Estados Unidos.

Del siglo VII al XI, la actividad misionera se desarrolló principalmente a través de monjes que viajaban a una nueva zona y construían un monasterio. El monasterio era un lugar donde los pobres podían recibir ayuda, y donde los monjes ponían a disposición de la población cierto grado de educación. Durante los siglos XII y XIII, la fuerza en las misiones eran dos grandes órdenes de frailes (monjes). La Orden Franciscana fue fundada por Francisco de Asís (1181–1226) en 1208, y se basaba en la sencillez y la alegría en la vida cristiana y en el servicio a los pobres. Por otro lado, Los Dominicos, fundada por Domingo de Guzmán (1170–1221) en 1206, se inclinaban a ser intelectualmente competentes, predicadores itinerantes y dedicados a la conversión de herejes. Para finales del siglo XIII, se podía encontrar a franciscanos y dominicos en los confines de la tierra conocida. Una tercera orden misionera, aunque más pequeña que las dos primeras, fue fundada en 1256 a través de la unión de varios grupos monásticos. Los Agustinos vivían con sencillez, enfatizando la caridad, la pobreza y la oración común. Otra orden misionera entró en escena en el siglo XVI. La Compañía de Jesús, o jesuitas, fue fundada por un noble español, Ignacio de Loyola (1491–1556) en 1540. De todas las órdenes, los jesuitas tuvieron la historia más turbulenta. Los jesuitas se distinguen de otras órdenes católicas romanas en muchos aspectos. A menos que lo ordenara el Papa, no participaban en la jerarquía de la iglesia. Sus métodos misioneros eran poco ortodoxos para la época, y parecían causar problemas dondequiera que iban. Fueron perseguidos en los países católico-romanos y fueron expulsados de la mayor parte de América del Sur y Filipinas a mediados del siglo XVIII. Sin embargo, su obra misionera se extendió a Asia, África y el Nuevo Mundo.

Los frailes de estas órdenes católicas eran idóneos para la tarea de ser misioneros. Estaban dedicados a la iglesia, habiendo hecho votos de obediencia y celibato. Estaban acostumbrados a una vida comunitaria caracterizada por la austeridad, y estaban plenamente formados en la fe cristiana. Por decreto del papa o del rey, podían ser enviados alrededor del mundo a medida que los exploradores los descubrían.

Un punto más necesita ser explicado antes de comenzar con los lugares y fechas de la propagación del cristianismo. El emperador romano, Constantino, se convirtió al cristianismo en el año 312. Con eso, Roma, siendo la ciudad imperial, era considerada como el lugar preeminente de la autoridad cristiana, siendo el obispo de Roma el más importante en la iglesia. En el año 330, Constantino fundó la ciudad de Constantinopla (Turquía) como una segunda Roma y trasladó allí su palacio imperial. Los siglos siguientes trajeron competencia entre los líderes de las iglesias en las dos ciudades, y las diferencias doctrinales finalmente trajeron una división entre la Iglesia Católica Romana y la Iglesia Ortodoxa Oriental en 1054. Estas dos divisiones de la iglesia cristiana se conocen como Roma y Constantinopla; o como el cristianismo occidental y oriental; o como la católica y la ortodoxa. Ambas enviaron misioneros. Esta división se explicará con más detalle en la Sección II de este tomo.

Extensión geográfica del cristianismo 100 d.C.–500 d.C.

Las fuentes para la historia de la iglesia durante este período son muy pocas en número. Cuando la iglesia comenzó a celebrar concilios, se llevaban registros de quiénes asistían y de dónde eran. Esto dio un registro de dónde residían los obispos, lo que significaba que el cristianismo se había establecido en tal lugar. La historia escrita más completa y auténtica de la iglesia durante los primeros tres siglos fue obra de un clérigo cristiano llamado Eusebio de Cesarea (aprox. 260–340). Concentrándose en personalidades y persecuciones, su obra histórica abarca desde el comienzo de la iglesia hasta el Concilio de Nicea en el año 325. Eusebio fue obispo de Cesarea desde el año 315 y se había ganado el favor de Constantino, ejerciendo una gran influencia religiosa en su corte. Sin el registro de Eusebio, la historia de la iglesia durante los primeros tres siglos sería especulativa.

En los siglos II y III, el cristianismo se extendió a casi todo el Imperio Romano y la fe maduró en ciertas zonas. El evangelio fue llevado desde Palestina hacia el oeste hasta las regiones del sur de Francia. Para el año 250 d.C., Italia tenía casi 100 obispos, y para finales del siglo III, había varios obispos y muchas iglesias en España. Según la tradición, Santiago, el hermano mayor del apóstol Juan, llevó el evangelio a España en el primer siglo. No se sabe con certeza cuándo llegó el cristianismo por primera vez a Gran Bretaña. Lo que sí se sabe es que tres obispos de Gran Bretaña (Londres, Lincoln y York) asistieron al Concilio de Arlés (Francia) en el año 314. Volviendo hacia el sur desde Palestina, no se sabe con certeza cuándo el cristianismo se extendió a Egipto. Una vez más, según la tradición, Marcos, el escritor del evangelio, fue allí. La Biblia nos dice que un hombre de Cirene (al oeste de Egipto) llevó la cruz de Jesús y que había algunos cireneos en Jerusalén en el Día de

Pentecostés (Hechos 2:10). Había al menos seis obispos en Cirene para el año 410. Más al oeste, en el norte de África, se cree que el cristianismo se extendió hacia el oeste desde Egipto y hacia el sur desde Roma, hasta lo que hoy se conoce como Túnez y Argelia. El cristianismo fue bien recibido en esas partes, y las iglesias allí se convirtieron en las primeras iglesias de habla latina en el mundo. Ese idioma se convertiría en el idioma oficial de la Iglesia Católica Romana hasta la década de 1960. Para el año 300 d.C., el cristianismo había penetrado en el Imperio Romano, siendo más fuerte en el norte de África, Egipto, Siria y Asia Menor. También se estableció firmemente en Roma y Lyon, en el sur de Francia. Los miembros de la iglesia hablaban griego y latín, y en su mayoría eran gente de la ciudad, sin que la mayoría de áreas rurales fuesen tocadas por el evangelio.

Durante los primeros siglos después de Cristo, el cristianismo comenzó a extenderse fuera del Imperio Romano. Desde Antioquía, se abrió hacia el Este hasta Edesa (Turquía oriental) donde, para finales del siglo II, era la religión estatal de ese reino mesopotámico. Armenia era un estado regulador entre la frontera oriental del Imperio Romano y el Imperio Persa (suroeste de Asia). El rey armenio se convirtió en el año 300 d.C. más o menos, y toda la población lo siguió tras esta nueva religión. Desde el principio, el cristianismo se enseñó en lengua armenia, y para el año 410 el Nuevo Testamento ya había sido traducido al armenio. Esta estrecha asociación de idioma, cultura y gobierno ha dado resiliencia al cristianismo en Armenia a través de los siglos, haciendo de la Iglesia armenia una de las más antiguas de la cristiandad.

Desde Armenia viajando hacia el oeste, las regiones al norte del Imperio Romano eran difíciles de alcanzar con el evangelio, ya que estaban controladas principalmente por bárbaros. Desde mediados del siglo III, estas naciones bárbaras supusieron una amenaza para el Imperio Romano, a menudo invadiendo para capturar bienes y personas. Una vez más, lo que está destinado al mal, Dios puede usarlo para el bien. Cuando los godos hicieron incursiones en Capadocia, capturaron a algunos cristianos, y el evangelismo tuvo lugar entre ellos. Los misioneros pudieron ir a los godos en el siglo IV. Entre el río Danubio y el Mar del Norte, el cristianismo estuvo prohibido durante estos primeros siglos. La región septentrional de Francia era difícil de alcanzar debido al control bárbaro. Un gran avance se produjo en 496, cuando Clodoveo, el líder de los francos (un pueblo germánico), se convirtió y se bautizó, junto con varios miles de sus guerreros. Esto abrió el noroeste de Europa al cristianismo.

Irlanda no formaba parte del Imperio Romano. Los irlandeses hicieron una incursión en Gran Bretaña alrededor del año 400 y capturaron a un joven llamado Patrick. Después de seis años allí, escapó a Francia, donde sirvió como monje durante varios años, y luego regresó a Inglaterra. Él no pudo sacar a Irlanda de su corazón, y regresó allí para pasar unos treinta años evangelizando la isla. El cristianismo que Patricio plantó en Irlanda estaba lleno de celo misionero, y los cristianos irlandeses desempeñaron un papel importante durante los siglos siguientes en llevar el cristianismo al norte de Europa y Escocia.

Para el año 500, la iglesia cristiana había experimentado un crecimiento asombroso. Se había extendido como la planta de mostaza y había penetrado como la levadura, excepto en el Lejano Oriente. Se había establecido, al menos hasta cierto punto, en todo el Imperio Romano desde el norte de África hasta el Muro de Adriano (Gran Bretaña), y desde España hasta la India. El Imperio Romano de Occidente estaba cayendo bajo los invasores del norte, y los invasores estaban siendo ganados para el cristianismo. Hasta aquí: todo bien. Los próximos quinientos años se ven diferentes.

Extensión geográfica del cristianismo 500 d.C.–1000 d.C.

Este período de quinientos años abarca lo que se conoce en la historia europea como la Edad Oscura, un período de gran incertidumbre y caos. Dos movimientos tuvieron efectos negativos en la difusión del cristianismo durante este período. Uno de ellos fue el continuo movimiento de los bárbaros del norte de Europa hacia el Imperio Romano de Occidente. Esto fue superado lentamente por la conversión de estos invasores. El otro fue el ascenso y movimiento del Islam hacia todas las direcciones. La conquista militar de los invasores islámicos de tierras antes cristianas aún no ha sido superada.

La paz y estabilidad del Imperio Romano fueron destrozadas por las invasiones de los pueblos del norte, y la defensa del territorio resultó imposible. A medida que los invasores entraron, la civilización del Imperio Romano de Occidente se disolvió. En este caos, el cristianismo una vez más demostró ser cierto para todas las razas de personas sin importar su cultura. A medida que los gobernantes cambiaron, la religión también cambió, de pagana a cristiana. Sin embargo, este fue un proceso lento que duró casi todos estos quinientos años, y otros cuatrocientos años más.

Comenzaremos nuestro estudio de la expansión geográfica del cristianismo durante este período con las naciones insulares al noroeste de Europa.

IRLANDA – Irlanda es la primera en ser mencionada en este estudio debido a su tremenda importancia para el bienestar de Europa Occidental a largo plazo. Evitó las invasiones bárbaras que plagaron Inglaterra y Europa continental de Occidente. Durante varios siglos, fue el país más avanzado de Europa Occidental, atrayendo a intelectuales que querían estudiar en paz. Las escuelas de los monasterios en Irlanda mantuvieron vivo el aprendizaje cuando estaba disminuyendo en otros lugares. Además del celo educativo que la iglesia mantuvo vivo, también poseía un celo misionero que dejó su huella en el mundo. San Patricio había fundado una iglesia en el siglo V que, durante los siglos VI y VII, fue una de las iglesias misioneras más ardientes desde el siglo primero. Hubo misioneros irlandeses que fueron a Escocia, Inglaterra, Galia (Francia), Alemania, Bélgica, Países Bajos, Luxemburgo, Suiza e Italia, llegando a las masas desde los monasterios.

BRETAÑA - Cuando los anglos y los sajones invadieron Gran Bretaña en el siglo V, aniquilaron a casi todos los cristianos, dejando un pequeño remanente en una región aislada de Gales. El cristianismo echó raíces permanentes en la nación isleña a partir del siglo VI, cuando llegaron misioneros de Irlanda en el año 563 y de Roma en el año 596. Inglaterra envió muchos misioneros a Europa durante los siguientes cuatro siglos.

ESCOCIA – Se sabe que Ninian, de ascendencia inglesa, fundó un monasterio en el suroeste de Escocia alrededor del año 400, y toda la obra cristiana solo consistió en ese monasterio por ciento cincuenta años. En el año 563, un misionero irlandés llamado Columba fue a Iona, una isla frente a la costa oeste de Escocia. Allí, él y doce de sus compañeros misioneros establecieron un monasterio, desde el cual viajaron a las otras islas de la costa y a toda Escocia en tierra firme. La obra que Columba estableció en Iona duró 200 años después de su muerte, enviando misioneros a todas las Islas Británicas y a Europa continental.

Ahora nos dirigimos al norte y centro de Europa continental, en orden alfabético y no cronológico.

BOHEMIA – (Checoslovaquia occidental) – El cristianismo llegó a Bohemia desde Moravia en el año 845 aproximadamente. La iglesia experimentó períodos de tolerancia, y luego de persecución, hasta el año 967, cuando tuvo un período de treinta años de evangelización que culminó con la conversión de Bohemia en un país cristiano.

GALIA (Francia) – Antes del siglo VI, Galia había sido visitada por misioneros, pero los paganos habían anulado cualquier intento de establecer el cristianismo allí. Sin embargo, en el siglo VI, un monje irlandés llamado Columbano (sin relación con Columba, quien fue a Escocia) partió de Irlanda a Alemania, pero se detuvo en la Galia y estableció un monasterio en Borgoña. Columbano permaneció allí durante veinte años y luego fue a los antepasados paganos de la actual Suiza.

ALEMANIA Y LOS SAJONES – Los sajones eran un pueblo salvaje que ocupaba, lo que hoy es, el noroeste de Alemania. Los sajones asaltaron y se asentaron en partes de Gran Bretaña durante los siglos VI y VII. No querían tener nada que ver con el cristianismo o la cultura romana, y trataban de destruir ambos dondequiera que iban. Cuando Carlomagno (742–814) comenzó a gobernar la mayor parte de Europa, expandió su territorio mediante la conquista, y siendo los sajones una tribu germánica fue conquistada, la conversión al cristianismo se impuso como condición de paz. Los sajones tardaron aproximadamente veinticinco años en ser derrotados y convertirse, pero para la muerte de

Carlomagno, la tarea estaba completa y los sajones eran un pueblo cristiano. En el resto de Alemania, el cristianismo fue establecido por monjes irlandeses e ingleses. Bonifacio (680–754), un sacerdote inglés, fue a Alemania a principios del siglo VIII y se estableció como el "Apóstol de Alemania". Fue consagrado obispo a la frontera alemana en 722, donde sirvió durante treinta años. Después, fue a una región de Holanda donde fue asesinado por paganos frisones (un grupo étnico de alemanes) en 754.

PAÍSES BAJOS (Bélgica, Luxemburgo, Holanda, ahora los Países Bajos) - Esta región estaba poblada por el pueblo frisón. En el año 686, el obispo inglés Wilfrid (634–709) estaba de viaje en Roma cuando se detuvo aquí para predicar. Miles se convirtieron. Alrededor del año 690, Willibrord, un monje inglés, y algunos compañeros se convirtieron en los primeros misioneros en los Países Bajos, donde establecieron una iglesia fuerte.

POLONIA – Se desconoce exactamente cuándo llegó el cristianismo por primera vez a Polonia. Lo que sí sabemos es que en 966 el duque de Polonia se casó con una cristiana bohemia y aceptó ser bautizado. Un obispo fue consagrado para Polonia en 968.

ESCANDINAVIA – (Dinamarca, Noruega, Suecia) – Durante el siglo IX, los vikingos de Escandinavia causaron muchos estragos en Inglaterra y Europa continental. Asaltaban iglesias y monasterios, y casi detienen los esfuerzos misioneros de la iglesia inglesa. Las cosas cambiaron en 878 cuando Alfredo el Grande derrotó a treinta líderes vikingos y los obligó a aceptar el cristianismo. En el año 823, Dinamarca se convirtió en el primer país de la región en recibir un testigo cristiano. El cristianismo no se estableció firmemente hasta el reinado de Canuto, que fue rey cristiano de Dinamarca e Inglaterra de 1018 a 1035. Noruega recibió el cristianismo de Inglaterra y no de Dinamarca, y de reyes en lugar de misioneros. Echó raíces bajo el rey Olaf Tryggvason (963–1000), y Noruega se convirtió en un país cristiano bajo su sucesor a principios del siglo XI. Suecia recibió el cristianismo a principios del siglo IX y tenía muchos misioneros en el siglo X. Olaf Skotkonung (993–1024) fue el primer rey sueco en promover el cristianismo. En el año 1000, el vikingo Leif Ericson llevó el evangelio a Groenlandia desde Noruega.

SUIZA – Uno de los misioneros que acompañó a Columbano desde Irlanda se llamaba Gall (aprox. 550–640). A finales del siglo VI viajó al noreste de Suiza y estableció un monasterio y una obra duradera.

Ahora veremos la expansión del cristianismo a Europa del Este, Rusia y China durante este período. Durante muchos siglos, el cristianismo había emanado de dos ríos diferentes, Roma y Constantinopla. La más grande y evangelística de las dos fue Roma, que llegó a la mayor parte de Europa y a las Islas Británicas. Europa del Este fue la esfera de mayor influencia para el cristianismo desde Constantinopla. Se discutirá más sobre esto en el próximo capítulo.

MORAVIA (parte de Checoslovaquia) – La iglesia con sede en Constantinopla comenzó a evangelizar los pueblos eslavos no cristianos del norte en el siglo X. El primer misionero a los eslavos, Constantino (826–869), redujo su lengua a la escritura y les tradujo los Evangelios. El papa estaba en contra de esto, y se convirtió en uno de los temas que causaron la división de iglesia cristiana entre Oriente y Occidente. Pero sí estableció una metodología misionera que emplearon los movimientos misioneros modernos de los siglos XIX y XX.

BULGARIA – El bautismo de Boris, rey búlgaro, en el año 865 mejoró enormemente el establecimiento del cristianismo allí. Los cristianos búlgaros pronto se convirtieron en los líderes eclesiásticos del mundo eslavo, que incluía Bulgaria, Checoslovaquia, Polonia y Rusia. El cristianismo se extendió desde Bulgaria hasta Yugoslavia (Serbia y Montenegro).

RUSIA – Hubo dos intentos infructuosos de establecer el cristianismo en Rusia. El patriarca Focio fue enviado en una misión fallida a Kiev a mediados del siglo IX. Cien años más tarde, la princesa rusa Olga fue bautizada en Constantinopla y trató de llevar el cristianismo a su país, pero sus nobles se lo impidieron. Fue bajo su nieto, Vladímir (980–1015), que se estableció el cristianismo. Vladímir se convirtió en cristiano y se casó con la hermana del emperador griego, lo que le dio gran prestigio a Rusia y a la iglesia rusa.

CHINA – China fue evangelizada por primera vez por los cristianos nestorianos. La Iglesia Nestoriana se estableció a lo largo de las rutas comerciales que conducían desde Europa a través de Asia central, y para el año 635, se había establecido el cristianismo nestoriano en el corazón de China. La iglesia envió monjes y estableció monasterios en una cultura muy diferente a la de Europa. En Europa central, los monjes eran las únicas personas alfabetizadas entre una población sencilla. Ellos llevaron conocimientos y mejores formas de cultivar. En China, los monjes se encontraron con una cultura muy alta, más avanzada que gran parte de Europa. Adoptaron la forma religiosa de los monjes budistas, pero nunca obtuvieron una aceptación generalizada. En 845, el emperador chino se preocupó por conservar la cultura china, y ordenó la disolución de los monasterios y el retorno de los monjes nestorianos a su vida privada. La iglesia perdió su rostro público, pero dejó algunos sobrevivientes que más tarde se opondrían a la entrada de misioneros católicos romanos.

Para el año 1000, casi todo el mundo conocido de la época (que se limitaba al hemisferio norte y excluía al Nuevo Mundo) había sido introducido a alguna forma de cristianismo. Había sobrevivido a la caída del Imperio Romano y se había defendido de la invasión de los bárbaros paganos del norte en Europa, pero había sufrido grandes pérdidas en manos del Islam militante. El encuentro del cristianismo con el islam es el tema de la siguiente sección de este capítulo.

El ascenso del Islam 600–1500

El tema del Islam se menciona aquí sólo por el efecto negativo que ha tenido en la extensión geográfica del cristianismo. Mientras el cristianismo fortalecía su dominio en el centro y norte de Europa, perdía territorio en el Medio Oriente, Asia, África y la Península Ibérica a manos de las hordas guerreras de musulmanes.

En el año 610, Mahoma, miembro de una tribu árabe nómada en Arabia, informó haber recibido una visión y un libro (el Corán o Quran) del ángel Gabriel. Comenzó a predicar su visión y su libro a sus compañeros de tribu, quienes encontraron que su rigidez era adecuada para sus mentalidades desérticas. Después de la muerte de Mahoma en el año 632, sus discípulos unificaron las tribus guerreras de Arabia por conquista y dirigieron su mirada hacia el resto del mundo. Así comenzó, como dijo un historiador, "una de las campañas más duraderas y brutales de la historia de las misiones a punta de espada". Primero se dirigieron a la Tierra Santa cristiana y a las ciudades que se convirtieron en centros del cristianismo en el siglo I. Conquistaron Damasco (635), Antioquía

(636), Jerusalén (638), Cesarea (640) y el Egipto alejandrino (642). Desde allí, barrieron en el norte de África hasta el Atlántico. Cartago cayó en 697. En 715, habían cruzado el estrecho de Gibraltar y capturado la mayor parte de España. Todos los lugares que capturaron fueron obligados a aceptar el Islam. Intentaron cruzar la cadena montañosa, los Pirineos, entre España y Francia, pero fueron detenidos en la batalla de Poitiers en el año 732. Este fue un evento histórico para Europa y el cristianismo, ya que al Islam se le negó la conquista de más de Europa. Durante este tiempo, los árabes llevaron el Islam hacia el este hasta India, y hacia el noreste a Asia central.

La división religiosa de las tierras se mantuvo más o menos igual durante aproximadamente quinientos años. En los siglos XIII y XIV, las misiones islámicas por espada comenzaron de nuevo, con movimientos a través de Asia Central. En el siglo XV, habían invadido Grecia y los Balcanes, y la sede del cristianismo ortodoxo oriental, Constantinopla, cayó en manos musulmanas en 1453. Como nota positiva, los musulmanes se habían retirado de España en 1492.

Entre el primer y el segundo movimiento de conquista musulmana, el cristianismo trató de tomar represalias recuperando Tierra Santa a través de una serie de cruzadas que duraron desde 1095 hasta 1291. Estas se explicarán brevemente.

Las Cruzadas

Este estudio no puede dar los detalles, las personalidades o las motivaciones detrás de las Cruzadas. Bruce Shelley introduce el tema de esta manera: "Las Cruzadas reflejaron el nuevo dinamismo en el cristianismo occidental. Impulsados por el fervor religioso, el amor a la aventura y los sueños de beneficio personal, los cruzados de Europa occidental intentaron expulsar a los musulmanes de Tierra Santa durante 200 años. La palabra "cruzada" significa "tomar la cruz", siguiendo el ejemplo de Cristo, pero las Cruzadas mismas resultaron ser cualquier cosa menos como Cristo. Los cruzados violaron, saquearon y asesinaron brutalmente a judíos, musulmanes e incluso a algunos cristianos.

Hubo siete grandes cruzadas en total, siendo la primera (1095–1099) la más exitosa. Se reconquistó Jerusalén y una franja de tierra a lo largo de la costa oriental del Mediterráneo hasta Antioquía. En la segunda (1147–1149), los cruzados fueron derrotados en Damasco. La tercera (1189–1192) restableció el acceso cristiano a Jerusalén, que lo habían ganado los musulmanes. La cuarta Cruzada (1202–1204) fue lanzada por el papa Inocencio III, esta vez los cruzados no llegaron a Tierra Santa, se detuvieron a capturar Constantinopla, estableciendo allí un imperio latino, ampliando así el cisma entre las iglesias romana y ortodoxa. Las siguientes cruzadas (1228–1229; 1248–1250; y 1270–1272) no tuvieron éxito. Los cruzados no fueron capaces de apoderarse ni de retener ninguna parte de la Tierra Santa. En 1291, Acre, un puerto en la costa oeste de Palestina y última fortaleza de los cristianos, cayó en manos musulmanas, y las Cruzadas terminaron en fracaso. El camino de la espada es el camino del Islam, pero no es el camino de Cristo, al menos no hasta que Él venga de nuevo a juzgar a las naciones (Apocalipsis 19:15).

† † †

Preguntas de repaso

1. ¿Cuál es el significado de las parábolas que Jesús compartió sobre el "grano de mostaza" y la "parábola de la levadura"?

2. ¿Cuándo fue llevado el Evangelio a su país?

3. ¿Qué dos movimientos tuvieron efectos negativos en la difusión del cristianismo?

4. ¿Tuvieron éxito o fracasaron los cruzados? ¿Fueron siempre como Cristo?

Capítulo 3

MISIONES CATÓLICAS ROMANAS, ORTODOXAS ORIENTALES Y PROTESTANTES

1300–1800 d.C.

Misiones de la Iglesia Católica Romana

En este período de la historia, la Iglesia Católica Romana ya había crecido hasta convertirse en la religión más grande e influyente del mundo. La iglesia había sufrido pérdidas territoriales en Europa, Oriente Medio y el norte de África a causa del Islam, y en Europa, a causa de la Reforma. Lo que se perdió allí fue más que compensado por las ganancias obtenidas a través de las empresas misioneras en Asia, el Nuevo Mundo (las Américas) y el África subsahariana durante los siglos XIV al XVIII.

Generalmente se le atribuye el descubrimiento del Nuevo Mundo a Cristóbal Colón, un explorador portugués, quien cruzó el Atlántico en 1492 creyendo que se dirigía a la India. Cuando llegó a una isla en las Bahamas (San Salvador), pensó que estaba allí, por lo que llamó a las islas

las Indias Occidentales, un nombre inapropiado que se ha mantenido a través de los siglos. Seis años más tarde, Vasco da Gama rodeó el extremo sur de África y llegó a la costa de la verdadera India. Esta expedición de da Gama, así como las expediciones posteriores de Cristóbal Colón, y las de casi todos los exploradores portugueses y españoles, llevaron consigo a sacerdotes católicos. Así, la expansión geográfica de la iglesia cristiana coincidió con la expansión geográfica de los imperios de ultramar de Portugal y España.

Para evitar la competencia y la rivalidad entre los exploradores de Portugal y España, el papa dividió el mundo en dos esferas de influencia con fines misioneros. A Portugal se le asignó África y las Indias Orientales, mientras que a España se le dio el Nuevo Mundo. Se trataba de un sistema de patronazgo, por el cual los reyes de los dos países pagaban las expediciones, pero también recibían el derecho de nombrar a los líderes eclesiásticos en los territorios recién descubiertos. Al inicio, este fue un sistema viable, ya que los exploradores se dispusieron a descubrir nuevas áreas del mundo. Pero primero, los misioneros católicos fueron a China, una zona poco conocida del mundo.

CHINA – El franciscano Juan de Monte Corvino llegó a China alrededor de 1294. Él fue recibido calurosamente por el emperador, pero recibió oposición por la Iglesia nestoriana sobreviviente y por los paganos. Él logró construir una iglesia en Pekín y bautizar a miles de conversos. Juan se convirtió en el primer arzobispo de la Iglesia Católica en el Lejano Oriente. Cuando murió en 1330, se estimaba que había al menos cien mil conversos chinos. Durante este tiempo, los mongoles gobernaban China. En 1368, los chinos expulsaron a los mongoles y luego expulsaron a los misioneros católicos a quienes los mongoles habían permitido vivir allí, y el cristianismo se extinguió.

Otro esfuerzo para establecer la Iglesia Católica Romana en China tuvo lugar doscientos años más tarde, cuando el jesuita Matteo Ricci (1552–1610) llegó a una colonia costera portuguesa de China en 1583. Sabiendo que los chinos desconfiaban de todo lo extranjero, se propuso hacer que el cristianismo fuera lo menos extranjero posible. Adoptó su vestimenta y cultura y usó su terminología religiosa pagana para expresar conceptos cristianos. La metodología fue exitosa, ya que, en 1650, había alrededor de doscientos cincuenta convertidos al catolicismo. Más tarde, los misioneros franciscanos y dominicos se opusieron a los esfuerzos de los jesuitas por considerarlos transigentes con las prácticas paganas. El emperador favoreció a los jesuitas e hizo que los demás misioneros abandonaran el país. Como ha sido el caso a lo largo de la historia de la iglesia, la presencia de lo que se considera una religión extranjera en un país produce alegría para los conversos y temor para los demás. Si se permite o no que el cristianismo permanezca y florezca depende del grupo al que pertenezcan los líderes. En China, en 1724, y luego en 1736, los líderes emitieron edictos de persecución contra los cristianos, y una vez más, el cristianismo sufrió un gran revés en China.

ÁFRICA – Basándose en el sistema de patronazgo, el Papa había encomendado a Portugal la tarea de llevar el cristianismo a África. En 1483, Diogo Cao llegó hasta el Congo, y en 1487, el Cabo de Buena Esperanza (Sudáfrica) fue descubierto por Bartolomé Díaz. A partir de estos descubrimientos y de otros posteriores, se establecieron misiones a lo largo de las costas occidentales y orientales de África.

Los primeros misioneros que fueron a vivir al Congo llegaron en 1491. Fueron recibidos calurosamente por el rey, quien inicialmente aceptó el cristianismo, pero luego renunció a él. Los primeros misioneros jesuitas llegaron al Congo en 1548. Ellos reportaron haber bautizado a más de cinco mil conversos en sus primeros tres meses allí. Al igual que en otros lugares del mundo, el éxito de la misión en el Congo dependía de las actitudes hacia esta religión extranjera por parte de los reyes y reinas sucesores. En 1650, la iglesia se desvaneció gradualmente por falta de sacerdotes.

Los portugueses acordaron comerciar con el pueblo de Angola si el rey y el pueblo se convertían al cristianismo. Como se mostrará más adelante, este método hará conversos, pero no discípulos. El primer misionero en Angola fue un sacerdote que vino del Congo. Hacia 1700, había unos veinte mil cristianos en esta región de África.

En los años 1500 se estableció una misión católica en Benín, pero se extinguió. Los jesuitas regresaron allí hacia 1600, y para 1650, la misión de Benín había alcanzado la costa oeste hasta Sierra Leona y Gambia.

La India envió los primeros misioneros a Mozambique, lo que resultó en un esfuerzo infructuoso. Los dominicos llegaron allí en 1577, venían de la costa y comenzaron a establecerse quemando mezquitas a su paso. Los jesuitas llegaron en 1607 y para 1625 ambas órdenes ya se habían establecido. Más al norte, en la costa de Kenia, los agustinos habían estado trabajando desde alrededor de 1600. A partir de 1630, la misión católica en esta parte de África comenzó a disminuir. Frente a la costa, Madagascar recibió su primer misionero en 1648, pero la misión allí apenas duró veinticinco años.

Para 1750, las misiones católicas romanas habían desaparecido en África. Un fracaso tan grande no se debió a que el evangelio cristiano no sea verdadero. Era más atribuible a la metodología de los misioneros al aceptar la conversión forzada como real, y al no capacitar a los líderes nativos para supervisar las iglesias.

INDIA – Los musulmanes y los exploradores portugueses llegaron a la India casi al mismo tiempo, alrededor del año 1500. Los exploradores portugueses, interesados en el comercio, se contentaron con quedarse en las zonas costeras de la India. Los musulmanes estaban interesados en la conquista y finalmente ocuparon todo el país. El hecho de que los sacerdotes católicos viajaran con los exploradores fue una bendición, ya que el transporte y todos los gastos fueron pagados por Portugal. También fue una maldición, ya que los exploradores portugueses no eran hombres morales y su comportamiento ofendía a los indios. Su asociación con los misioneros cristianos hizo que el trabajo de los misioneros fuera mucho más difícil.

De todas las órdenes católicas, los jesuitas tuvieron el mayor éxito en la India. Los misioneros jesuitas más famosos en la India fueron Francisco Javier, que fue en la década de 1540, y Roberto Nobili, que fue al sur de la India en 1606. El ministerio de Nobili tuvo un mayor impacto, para ganarlos, se convirtió en uno de ellos. Hizo un estudio exhaustivo de la cultura brahmánica y adoptó un estilo de vida que no ofendiera a esa cultura. Se puso sus túnicas, dejó de usar zapatos de cuero, dejó de comer carne y renunció a todo apego al mundo, incluso hasta el punto de separarse de los misioneros y de la iglesia existente en el sur de la India. Se convirtió en un gurú y se ganó el respeto de la casta superior de la sociedad india. A sus conversos no se les exigió que abandonaran su cultura brahmánica, excepto por las cosas que eran abiertamente paganas. Se les llamaba los "dos veces nacidos", pero se veían y actuaban igual que los demás brahmanes. ¿Fueron realmente nacidos de nuevo o "nacidos dos veces"? Nobili tuvo un éxito aún mayor años después, cuando su misión comenzó a llegar a las castas inferiores, bautizando a miles de personas.

EL NUEVO MUNDO – Si consideramos la expansión de las misiones católicas romanas en orden más o menos cronológico, el Nuevo Mundo es el que sigue. El Nuevo Mundo, para los exploradores portugueses y españoles, consistía en América del Norte, Centro y Sur, y las islas vecinas. El historiador Stephen Neill explica que: "El acercamiento de estas dos potencias al Nuevo Mundo de Occidente siempre estuvo marcado por tres consideraciones: conquista, asentamiento y evangelización. Los pueblos de estas tierras desconocidas debían ser puestos permanentemente bajo el dominio de los reyes cristianos, a quienes Dios, a través del Papa, había dado soberanía". ¿Quién podría discutir tal mandato? ¿Y quién podría discutir la rapidez con la que se produjo la conquista del Nuevo Mundo? Los conquistadores europeos encontraron una resistencia de poca fuerza en comparación con la suya. A medida que avanzaban, los misioneros iban con ellos.

Los dominicos y los franciscanos fueron las primeras órdenes misioneras en el Nuevo Mundo. Los misioneros llegaron a Brasil en 1500, a Haití en 1502, a Cuba en 1512, a México en 1523, a Colombia en 1531 y al Perú en 1532. Con la ayuda de los jesuitas, para el año 1560, habían llegado a Chile, Venezuela, Ecuador y América Central. América Latina se convertiría en un baluarte del catolicismo romano en el Nuevo Mundo.

Considerando el movimiento evangelístico hacia América del Norte, Florida fue alcanzada por los franciscanos a partir de 1526. Llegaron a Nuevo México en 1542 y a Texas en 1544. Para 1600, habían llegado hasta la región sur de California. Subiendo por la costa atlántica, los jesuitas comenzaron una misión en Maine en 1612, los franciscanos comenzaron una misión en Nueva York en 1626 y los jesuitas llegaron a la bahía de Chesapeake en 1632.

Los misioneros católico-romanos llegaron a Canadá con exploradores franceses. El primer explorador francés en llegar con sacerdotes fue Jacques Cartier, que desembarcó en 1534. El esfuerzo misionero fue impulsado cuando Samuel de Champlain llevó a los franciscanos a Quebec en 1611. El duro clima invernal y la escasa densidad de población hicieron que la tarea misionera fuera extremadamente difícil. La hostilidad de los indios y las guerras entre los británicos y los franceses fueron obstáculos adicionales para el éxito rápido en Canadá. Debido a las dificultades enfrentadas, los misioneros a Canadá fueron considerados por muchos como "entre los más grandes en la historia de la iglesia".

JAPÓN – El jesuita Francisco Javier fue el primer misionero católico romano en llegar a Japón, en 1549. Tenía con él a otros dos jesuitas y a un japonés converso de la India, que actuó como intérprete. Los misioneros se encontraron con un Japón que estaba en agitación política y religiosa, y por lo tanto, abierto a los extranjeros. Al igual que Ricci en China y Nobili en la India, Xavier adoptó un punto de vista contrario al adoptado por los misioneros españoles en América Latina. Los españoles querían demoler por completo la cultura indígena y reemplazarla con una cultura cristiana europea. En Oriente, las culturas descubiertas eran tan avanzadas como las europeas. El enfoque adoptado por los misioneros católicos allí fue asimilar la mayor parte posible de la cultura, para no parecer extraños, e introducir en la cultura las creencias cristianas. Esta metodología funcionó bien al principio, pero la profundidad de la conversión siempre estuvo en tela de juicio.

El trabajo de los jesuitas tuvo éxito, y más tarde se les unieron franciscanos y dominicos. Para el año 1600, se estimaba que había 300,000 creyentes bautizados. De nuevo, la historia se repite. Fuera de Europa, el cristianismo siempre fue visto como una religión extranjera para todos, excepto para los verdaderamente convertidos. La vida de la iglesia estaba ligada a la actitud de los gobernantes. A principios de los años 1600, el gobernante japonés, Iemitsu, comenzó una campaña de persecución feroz que acabó con cincuenta años de progreso, lo que resultó en la apostasía o muerte de casi todos los cristianos. ¿Quiénes, sino aquellos que han pasado por eso, conocen la dificultad de aferrarse a Cristo frente a ser crucificado boca abajo durante la marea baja y ahogarse al subir la marea, o ser decapitado, o ser quemado vivo? Tal fue el destino de los cristianos japoneses y de algunos misioneros europeos allí. Para el año 1638, todos los cristianos habían huido o habían muerto. "Durante 230 años, Japón siguió siendo una nación ermitaña, efectivamente aislada del contacto con el resto del mundo".

LAS ISLAS FILIPINAS – Aunque fueron descubiertas por el explorador portugués Magallanes en 1521, Filipinas fue asignada por el Papa al campo de autoridad español. Él concluyó que la ruta más directa a las islas era a través del Océano Pacífico desde México, en vez de rodear África a través del Océano Índico. Los primeros misioneros desembarcaron en 1565. A diferencia de los misioneros en China y Japón, los misioneros en Filipinas no se encontraron con una civilización antigua y poderosa que se opusiera a la entrada del cristianismo. Los españoles ocuparon y controlaron las islas rápidamente. El español se convirtió en el idioma y el cristianismo se convirtió en la religión. No había ni cultura ni riqueza que mantuviera unida a la sociedad, por lo que el nuevo orden español fue bien recibido. Los españoles trataron a los filipinos con amabilidad, estableciendo escuelas y orfanatos. El catolicismo ha florecido ininterrumpidamente durante siglos, lo que ha convertido a Filipinas en una historia de éxito. Hoy en día, más del 90% de la población profesa ser cristiana.

INDOCHINA – (Vietnam, Laos, Camboya, Tailandia, Birmania) – Los jesuitas franceses fueron los primeros misioneros en esta zona del sudeste asiático. Alexander de Rhodes (1591–1660) llegó allí en la primera mitad del siglo XVII. Se dirigió a las clases sociales educadas e influyentes. Él aprendió su idioma y enseñó a sus conversos cómo cuidar a los enfermos, una buena manera de acceder a los hogares de la gente. Se informa que, pronto, hubo hasta 300,000 conversos debido al éxito de sus métodos. La gran influencia del budismo de China y los duros regímenes marxistas del siglo XX han servido para hacer del budismo la religión dominante y del cristianismo una pequeña religión minoritaria en la región hoy en día.

COREA – La entrada del catolicismo romano en Corea fue de lo más inusual. Alrededor de 1777, un grupo de eruditos coreanos comenzó a estudiar los escritos del misionero católico en China, Matteo Ricci. En 1783, enviaron un representante a China para aprender más sobre lo que Ricci enseñaba. Durante su estancia en China, el representante se convirtió al cristianismo y se bautizó. Cuando regresó a Corea, enseñó lo que había aprendido de la nueva fe. Bautizó a muchos conversos y organizó una iglesia basada en lo que había visto en China. Sin sacerdote, celebraban misa, confesiones y otras prácticas católicas. La iglesia católica en China envió un sacerdote a Corea en 1794. Cuando llegó, encontró a 4,000 cristianos. Por lo tanto, la curiosidad de los laicos en Corea hizo que enviaran a alguien a otro país para traer el cristianismo a ellos mismos. Sin embargo, en 1866 estalló una dura persecución política, que mató al menos a 8,000 cristianos. La misión católica romana en Corea nunca se recuperó del todo. Hoy en día, la Iglesia Católica Romana representa solo una pequeña minoría de los cristianos en Corea.

Misiones de la Iglesia Ortodoxa Oriental

Las Iglesias Ortodoxas Orientales sufrieron dos reveses devastadores durante este período. El primero fue la expansión del Islam en el bastión ortodoxo de Asia Menor. Cuando Constantinopla cayó en manos de los musulmanes en 1453, la sede del cristianismo ortodoxo se trasladó a Moscú, Rusia. Los ortodoxos rusos creían que la primera Roma había caído en manos de los herejes, y que la segunda Roma, Constantinopla, había caído en manos de los paganos. Moscú se convirtió en la "tercera Roma". Por esa época, se produjo el segundo revés para la Iglesia Ortodoxa, cuando los bárbaros tártaros de Asia central invadieron Rusia. Más tarde, los tártaros se convirtieron en musulmanes, lo que reforzó la oposición de Rusia al Islam. Un efecto positivo de la invasión tártara a largo plazo fue la creación de un verdadero sentido de unidad entre la diversa estirpe del pueblo ruso. A partir de esa unidad, se inició la actividad misionera ortodoxa rusa.

Las actividades misioneras, de la ahora Iglesia Ortodoxa Rusa, comenzaron en serio hacia 1700 y se dirigieron principalmente hacia el este, hacia la actual frontera oriental de Rusia, que todavía era salvaje e independiente, hasta China y las Islas Aleutianas frente a la costa occidental de Alaska. Parece que los misioneros rusos fueron a Siberia oriental en 1682. La zona central del Volga y Siberia occidental habían sido alcanzadas en 1702. Los kalmucks del sureste de los Montes Urales y la península de Kamschalka habían recibido el cristianismo para el año 1705. A China se le permitió tener un sacerdote ortodoxo viviendo en el país en 1727. Las islas Aleutianas fueron descubiertas en 1743 frente a la costa, entre Rusia y Alaska, y fueron tomadas por Rusia en 1766. Había algunos mercaderes cristianos de Rusia que vivían en las islas. A petición suya, algunos misioneros ortodoxos llegaron allí en el año 1787.

Durante este tiempo, la iglesia rusa todavía se vio gravemente afectada por las luchas políticas de la Edad Media. En sus actividades misioneras, no poseía el espíritu convincente de los católicos romanos o de los protestantes posteriores del siglo XVII en adelante.

Misiones Protestantes

En el momento en que las iglesias protestantes se involucraron en actividades misioneras extranjeras, casi todas las regiones y países del mundo habían sido alcanzados por misioneros católicos y ortodoxos. Eso no quiere decir que todas las áreas de todos los países conocidos hayan sido alcanzadas con el evangelio. Había entonces, y todavía hay, hasta cierto punto, grupos de personas no alcanzados en el mundo. Pero después de la Reforma, los protestantes consideraban que todos los países sin una iglesia protestante no habían sido alcanzados. Cuando los protestantes finalmente llegaron a las misiones extranjeras, su objetivo era plantar el cristianismo protestante en todo el mundo. Como se dijo anteriormente, en algunos países donde se habían iniciado misiones católicas romanas, éstas fueron posteriormente aniquiladas por gobiernos represivos y religiones paganas militantes. Estos no tenían testimonio cristiano en el momento de la Reforma, y los misioneros protestantes estaban ansiosos por llenar ese vacío, así como el vacío de las iglesias protestantes en los países católicos y ortodoxos. Por esa razón, esta sección sobre las misiones protestantes no trata tanto de la expansión geográfica del cristianismo, sino del comienzo y la expansión geográfica de las misiones protestantes, un tema que pertenece a un estudio exhaustivo de la historia de las misiones. De ello sólo nos ocuparemos brevemente.

Desde la época de la Reforma, la iglesia protestante tardó casi dos siglos en hacer de la actividad misionera una prioridad. Durante esos siglos hemos visto que los misioneros católicos romanos estaban muy ocupados, yendo a donde podían viajar con los exploradores del Nuevo Mundo y África, y a toda Europa y en dirección al oeste hasta el Océano Pacífico. ¿Por qué los protestantes tardaron tanto en captar la visión misionera?

Herbert Kane da cuatro factores que contribuyeron a este retraso. El primer factor fue teológico. Los primeros reformadores enseñaron que la Gran Comisión (Mateo 28:19, 20) era solo para los apóstoles originales. Este se convirtió en el punto de vista luterano ortodoxo. Creyendo que la salvación era totalmente obra de Dios, y sosteniendo el punto de vista apocalíptico de que el fin de los tiempos estaba a las puertas, las misiones no parecían necesarias. Los reformadores posteriores adoptaron el punto de vista bíblico de Romanos 10:14–15, que pregunta: ¿Y cómo creerán en aquel de quien no han oído? ¿Y cómo oirán sin haber quien les predique? Y cómo predicarán si no fueren enviados?

Pero inicialmente, ese no fue el caso. El segundo factor dado fue la debilidad de las iglesias protestantes, que eran pequeñas en fuerza y número. Las guerras religiosas entre protestantes y católicos, y entre luteranos y calvinistas ocuparon las iglesias y se llevaron todos sus recursos, hasta que sucedió la Paz de Westafalia (1648). El tercer factor fue el aislamiento de la parte de Europa que se convirtió en protestante con respecto al Nuevo Mundo, África y Asia, que estaban siendo explorados por los países católicos Portugal y España. Cuando las tierras protestantes de los británicos y los holandeses se involucraron en la exploración, estaban interesados en el comercio y no en difundir el cristianismo. El cuarto factor era la falta de ministros entrenados y dedicados como los que existían en las órdenes católicas romanas. Los primeros misioneros protestantes eran en su mayoría laicos, con poca o ninguna formación.

Los primeros intentos misioneros protestantes no tuvieron éxito. Juan Calvino envió algunos misioneros a Brasil en 1555. Jorge Fox envió tres a China en 1661, y los luteranos se involucraron enviando un misionero a Surinam en 1664. Todos estos esfuerzos quedaron en nada.

La primera misión protestante fue la Misión Danesa Halle, fundada a principios de los 1600. Era una misión alemana con apoyo danés. El grupo más numeroso de los primeros misioneros protestantes procedía de los moravos. Comenzaron misiones en Santo Tomás (1732), Groenlandia (1733), Santa Cruz (1734), Surinam (1735), Sudáfrica (1737), América del Norte a los indios (1740), Jamaica (1754) y Antigua (1756). Todos fueron esfuerzos exitosos, utilizando laicos sin educación teológica formal.

El origen de los esfuerzos misioneros británicos se produjo en el siglo XVIII como resultado del Despertar Evangélico bajo Wesley y Whitefield. William Carey es considerado el padre del movimiento misionero protestante moderno. Él dejó Gran Bretaña para ir a China en 1793.

En América del Norte, la Sociedad de Investigación sobre el Tema de Misiones fue aprobada por la Asociación General de los Ministros Congregacionales de Massachusetts, que luego formó una Junta de Comisionados para las Misiones Extranjeras en 1810. Así comenzó el movimiento de las misiones extranjeras estadounidenses, que en un momento suministró alrededor del 70 por ciento de la fuerza misionera protestante total en el mundo. Debido al éxito de las misiones protestantes, particularmente en Asia, el porcentaje de misioneros protestantes de América del Norte representa aproximadamente el 50 por ciento del total mundial, mientras que el número de misioneros de América del Sur ha aumentado.

A partir de estos pequeños comienzos, la fuerza misionera protestante en el mundo ha crecido hasta incluir miles de misioneros y cientos de juntas misioneras denominacionales e independientes. El surgimiento de estas juntas misioneras independientes afectó en gran medida el curso de las misiones cristianas. Muchas comenzaron en los años 1800 o principios de 1900, y todavía se mantienen fuertes hoy en día. Estas se llaman Misiones de Fe porque no tienen respaldo denominacional y tienen que confiar en el Señor para su apoyo. Tienen declaraciones de fe que sus miembros tienen que firmar. Probablemente la más distintiva de sus características es la creatividad que exhiben en el ministerio. Los ministerios de estas juntas independientes incluyen estaciones de radio, evangelio en cinta o casete en idiomas nativos, películas, cursos bíblicos por correspondencia, aviación, programas misioneros a corto plazo de dos años o menos, y proyectos misioneros de verano.

La edición de la revista *Christianity Today* del 20 de mayo de 1996 informó que una de esas misiones independientes, Evangelismo Explosivo, se ha convertido en el primer ministerio cristiano en establecer programas en las 211 naciones del mundo. Fundado en 1962, Evangelismo Explosivo capacita a las congregaciones locales sobre cómo evangelizar a sus vecinos. Incluso antes de 1996, otras misiones independientes afirmaban haber enviado misioneros a todos los países del mundo, aunque no se hubiera establecido una obra específica en todos los países.

Hoy, la Gran Comisión registrada en Marcos 16:15 se ha cumplido, ya que el evangelio ha sido predicado en todas las naciones. Sin embargo, la Gran Comisión registrada en Mateo 28:19,20 no se ha cumplido, ya que la formación de discípulos y la enseñanza requerida para hacerlo es un proceso continuo que no terminará hasta que Jesús regrese. Si bien todavía hay algunos grupos de personas no alcanzadas, hay pocas misiones independientes que se concentren en alcanzarlos. Sin embargo, el énfasis general de las misiones protestantes a principios de este siglo a comenzado a alejarse de la comisión de hacer discípulos y ha puesto más énfasis en un evangelio social para satisfacer las necesidades humanitarias.

La edición de septiembre-octubre de 2007 de *Mission Frontiers*, publicada por el influyente Centro para las Misiones Mundiales de los Estados Unidos, presentó un artículo de 10 páginas titulado "El futuro de los evangélicos en la misión". El artículo era un llamado a una mayor participación social. En el número de enero-febrero de 2008 de la misma publicación, se imprimió una respuesta al artículo recién mencionado. Por lo general, las respuestas se imprimen para dar otra cara de una situación, pero esta, de un destacado profesor de seminario, solo reiteró el punto de vista anterior. Su conclusión fue: "La evangelización y la acción social no son la misma cosa, sino que pertenecen a la misión de los cristianos fieles inseparablemente juntas". Se dice que el cristianismo en África tiene una milla de ancho pero solo una pulgada de profundidad porque la segunda tarea incluida en la Gran Comisión, la de hacer discípulos y enseñar, no se ha cumplido. Se necesita mucho más tiempo para discipular que para evangelizar, pero discipular a los conversos es lo único que proporcionará profundidad al cristianismo en cualquier parte del mundo. La dirección de la evangelización y de la acción social omite esta importantísima tarea de hacer discípulos. Una vez más, la parábola del grano de mostaza retrata el evangelismo de la población de las naciones y la parábola de la levadura describe la formación de discípulos de esas personas a medida que el evangelio impregna su ser, y ellos a su vez influyen en su sociedad.

En el área de la acción social hay mucha competencia por parte de la Organización Islámica de Socorro Mundial, USAID, las Naciones Unidas y muchas otras organizaciones seculares con estadísticas que muestran que la mayoría de la gente quiere nuestro arroz, pero no nuestra religión. No hay competencia en predicar el evangelio y hacer discípulos, pues es del dominio exclusivo de las misiones cristianas. La dirección de las misiones cristianas hoy en día está cambiando, sin duda. Esperemos que esos cambios sean guiados por la oración y el Espíritu Santo a medida que Cristo edifica Su iglesia.

† † †

Preguntas de repaso

1. ¿Qué papel jugó la Iglesia Católica Romana en la difusión del Evangelio en todo el mundo? ¿La Iglesia Ortodoxa Oriental? ¿Las misiones protestantes?

2. ¿Qué cuatro factores contribuyeron a la demora de la participación protestante en las misiones?

3. Desde sus pequeños comienzos, ¿ha tenido éxito la Misión Protestante en predicar el Evangelio y hacer discípulos?

Sección II

ECLESIOLOGÍA

Capítulo 4

ORGANIZACIÓN Y GOBIERNO DE LA IGLESIA

La eclesiología es el estudio de la iglesia en sus formas y funciones. Nuestro abordaje ocupa solamente de la historia de la organización de la iglesia y de su estructura gubernamental. Un abordaje más completo se ocuparía del proceso de selección en curso de sus oficiales, el orden de culto, la regulación de sus miembros y la gestión de sus asuntos. Estos últimos elementos tienen particularidades específicas según la denominación y no se incluirán en esta descripción general.

Al mirar la historia de la organización y el gobierno de la iglesia, primero debemos ver la historia del uso de la palabra "iglesia". Las palabras para el edificio de la iglesia, y la iglesia como un cuerpo de creyentes tienen diferentes fuentes. La palabra griega *kuriacon* fue utilizada por los cristianos griegos para designar la casa de adoración. Es el adjetivo neutro de *Kurios* que significa "(casa) del Señor". El término escocés *kirk* es la forma más parecida a la que se usa hoy en día. La palabra griega usada en el Nuevo Testamento para el cuerpo de creyentes es *Ekklesia*. Se deriva de *Ek* que significa "fuera", y *kaleo* que significa "llamar", y se usaba en la sociedad griega para describir la asamblea de ciudadanos cuando se les llamaba fuera de sus casas para una reunión pública. El uso del Nuevo Testamento se redujo en significado para identificar a la iglesia como un cuerpo de personas llamadas a salir del mundo, y separadas del pecado por el poder del Espíritu Santo, y llamadas a una relación con el Cristo resucitado, basada en la fe de quién era Él y Su expiación en la cruz. Todos los cristianos verdaderos del mundo son considerados miembros de la única iglesia en la tierra.

Siglo I

Los doce discípulos de Jesucristo fueron los primeros de los "llamados". El llamado de Jesús a ellos fue: "Sígueme", y así lo hicieron. A través del poder del Espíritu Santo, Jesús todavía está llamando personas de las masas de la humanidad a construir su iglesia. Jesús y sus doce discípulos fueron la primera estructura organizativa central de la iglesia. Jesús era el maestro o Señor; Sus "llamados" eran sus discípulos. El término conlleva un nivel de apego y compromiso personal que no se encontraría en el significado de la palabra "alumno", que se usa más hoy en día. La Gran Comisión dada por Jesús a sus discípulos justo antes de su ascensión fue "ir y hacer discípulos de todas las naciones". Los esfuerzos del primer siglo para llevar a cabo esa comisión se registran en Hechos, donde aparece el término con frecuencia. Sin embargo, el término "discípulo" no se usa en el resto del Nuevo Testamento, probablemente debido a su uso común entre los griegos, quienes tenían discípulos de filósofos, y los judíos, que tenían discípulos de ciertos rabinos. El término necesitaría alguna explicación para indicar un uso cristiano.

Al igual que con la expansión geográfica del cristianismo, de nuevo buscaremos en el libro de los Hechos los detalles de la organización y el gobierno de la iglesia en el primer siglo. Anteriormente se dijo que Jesús y sus doce discípulos fueron la primera estructura organizativa de la iglesia. El número de discípulos se fijó en doce, como el número de las tribus de Israel en el Antiguo Testamento se fijó en doce. Jesús dijo a sus discípulos en Mateo 19:28: "Ustedes que me han seguido también se sentarán en doce tronos, juzgando a las doce tribus de Israel". Algún tiempo después de que Jesús dijera esto, Judas, uno de los doce, traicionó a Jesús y, posteriormente, se suicidó. El primer capítulo de Hechos registra que los discípulos restantes eligieron a Matías para reemplazar a Judas. La elección se hizo orando y luego echando suertes, poniendo así la elección en las manos del Señor.

Al principio de su ministerio, Jesús identificó a sus discípulos con la designación de apóstol (Mateo 6:13), que se convirtió en el término utilizado para identificar a los doce más Pablo en Hechos y las epístolas. La palabra "apóstol" viene del griego *Apostellein*, que significa "enviar" con la plena autoridad del remitente. Está más en línea con la comisión que recibieron de Jesús, cuando Él los envió a hacer discípulos de todas las naciones. Al ver lo que lo califica a uno para ser un apóstol, tenemos la calificación utilizada para reemplazar a Judas en Hechos 1:21, 22, y las pruebas del apostolado reclamadas por Pablo. Al juntar esto, encontramos los siguientes requisitos: (1) Un llamado directo del Señor Jesús. Esto era obvio en los once, también en la forma en que la suerte le tocó a Matías después de orar, y en la aparición de Jesús a Pablo en el camino a Damasco; (2) Un testimonio personal de haber visto a Cristo resucitado; y (3) Un reconocimiento como tal por parte del resto de los apóstoles. Inicialmente, los deberes de los apóstoles se limitaban a

Jerusalén y sus alrededores, y consistían en predicar, enseñar, dirigir la adoración, administrar el fondo común para ayudar a los necesitados y disciplinar a los nuevos creyentes. Más tarde, algunos de los apóstoles salieron de Jerusalén para predicar en otras áreas del Imperio Romano, y para supervisar a los grupos locales de creyentes dispersos, eligiendo líderes de entre ellos para enseñar y administrar en ausencia de un apóstol.

Los líderes nombrados para la congregación local de creyentes tenían dos designaciones y deberes. El primero fue designado como anciano o presbítero (en griego "anciano"), y a veces obispo y pastor. Anciano, presbítero, obispo y pastor se refieren al mismo oficio en una congregación local. El término "anciano" da la impresión de madurez y sabiduría. Obispo es del griego *Episcopos*, que significa "un supervisor", y conlleva la idea de ser autoridad como maestro y líder. Pastor es del latín *pastor* que es "un pastor de ovejas", acarrea el significado del cuidado personal y preocupación que se ejerce sobre el rebaño. Los requisitos para un anciano se encuentran en Tito 1:5–9.

El segundo oficial designado de la congregación local era el diácono. Diácono viene del griego *Diakonos,* que significa "sirviente". Eran ayudantes de los apóstoles en Jerusalén y de los ancianos en las iglesias locales del Nuevo Testamento. Ellos aliviaban al anciano de algunos deberes administrativos para que el líder espiritual pudiera dedicar más tiempo al ministerio de la Palabra y a la oración. A las mujeres se les permitía ocupar este cargo (Romanos 16:1). Los requisitos para ser diácono se encuentran en 1 Timoteo 3:8–13.

Hubo otras tres posiciones nombradas entre los dones de Cristo a la iglesia en Efesios 4:11: profetas, evangelistas y maestros. Los profetas no fueron seleccionados por las iglesias, sino que eran personas especialmente calificadas y dotadas por el Espíritu Santo para el beneficio de las iglesias. A menudo eran predicadores itinerantes, que iban de iglesia en iglesia, edificando a los creyentes en la fe al hablar alguna enseñanza revelada (1 Corintios 14:6), o prediciendo un evento futuro (Hechos 11:28). Su función especial era la exhortación e instrucción de las iglesias locales (1 Corintios 14). Los profetas que hablan por revelación abrieron la puerta a los falsos profetas, contra los cuales el Nuevo Testamento contiene muchas advertencias.

Los evangelistas eran predicadores itinerantes autorizados por los apóstoles y las iglesias (2 Timoteo 4:5). No tenían rango apostólico ni inspiración profética. Aunque todos los creyentes están llamados a ser testigos de Cristo, la tarea de predicar el evangelio se confía a ciertos individuos. Los convertidos por la predicación del evangelista deben unirse a una iglesia local donde tendrán el cuidado de un anciano y la comunión de otros creyentes. El maestro impartía instrucción sistemática a la congregación local. Explicarían lo que el profeta proclamó y ayudarían a aplicarlo a su situación local. Pablo vincula las funciones de pastor (anciano) y maestro (Efesios 4:11) como, sin duda, el anciano enseñó en sus sermones. También hubo ocasiones en las que el anciano actuaba como profeta.

La iglesia fue "edificada sobre el fundamento de los apóstoles y profetas, siendo la principal piedra del ángulo Cristo Jesús mismo" (Efesios 2:20). El libro de los Hechos sigue de cerca los esfuerzos de los apóstoles (y en mucha menor medida, de los profetas) en viajar por el Imperio Romano, predicando el evangelio, ganando conversos, estableciendo iglesias locales y nombrando líderes sobre ellas, que consistían en un anciano (u obispo) y uno o más diáconos.

Padres de la Iglesia

Eclesiásticamente, los padres de la iglesia son aquellos que nos han precedido en la fe, y a quienes acudimos en busca de instrucción. Más específicamente, el término se aplica a los primeros escritores cristianos de reconocida eminencia. A medida que los apóstoles pasaban a la gloria, otros líderes se levantaron para ocupar su lugar. Estos nuevos líderes eran generalmente obispos, y se les llama padres debido a la estima que otros obispos y miembros de la iglesia les tenían. El término "padre" se usó como designación para los líderes de la iglesia desde los años 90 hasta aproximadamente el 460. En el uso actual, el término ha perdido su exclusividad, ya que todos los sacerdotes católicos romanos y ortodoxos orientales son tratados como padres.

En los primeros siglos de la iglesia, parece que hubo cuatro características principales de los líderes considerados padres. En primer lugar, su predicación y sus escritos tenían que reflejar la posición sustancialmente ortodoxa de la iglesia en todas las áreas de la doctrina. En segundo lugar, sus vidas debían ser piadosas y santas. La tercera característica de estos hombres fue la amplia aprobación y aceptación de que se les considerara padres. La última característica de los padres de la iglesia primitiva es su antigüedad. Fueron aceptados al principio de la historia del cristianismo, y su eminencia ha perdurado hasta hoy.

El historiador Howard Vos divide a los padres en cuatro grupos y años: los padres apostólicos (90–150); los Apologistas (130–180); los polemistas (180–225); y los teólogos científicos (225–460). Los padres apostólicos fueron instruidos por los apóstoles y llegaron a ser obispos. Se les identifica como Clemente de Roma (aprox. 30–100), Ignacio de Antioquía (aprox. 35–117), Policarpo de Esmirna (aprox. 69–155) y

Papías de Hierápolis (aprox. 60–130). Los apologistas trataron de ganar el reconocimiento legal del cristianismo y defenderlo del paganismo. Entre los apologistas se encuentran Justino Mártir (aprox. 100–165) y Tertuliano (aprox. 160–220), que también fue escritor polemista. Los polemistas escribieron para refutar los errores que se estaban infiltrando en la fe cristiana. Al hacerlo, apelaron extensamente a los libros del Nuevo Testamento como la fuente de la doctrina correcta. El trabajo de los polemistas dio lugar al reconocimiento de una iglesia católica ortodoxa que se oponía a la herejía. Los polemistas están enlistados como Ireneo (aprox. 130–200), Hipólito (aprox. 170–236), Tertuliano, Cipriano (d. 258), Clemente (aprox. 150–215) y Origenes (aprox. 185–254). Los padres científicos trataron de desarrollar métodos científicos de interpretación bíblica y crítica textual. Estos eran escritores más filosóficos, e incluían a Jerónimo (aprox. 347–420), Ambrosio (aprox. 339–397) y Agustín (354–430). Anteriormente, Clemente y Orígenes escribieron algunos escritos científicos. Estos no son de ninguna manera todos los padres de la iglesia con quienes la iglesia tiene una deuda de gratitud por definir y defender la fe cristiana cuando estaba en su infancia.

Cristianismo católico

En el primer siglo, los cristianos de todas las iglesias estaban unidos en su creencia en la obra expiatoria de Cristo, y en la observancia de dos ordenanzas que les recordaban esa obra expiatoria; el bautismo y la Cena del Señor. Más tarde, a medida que los padres de la iglesia escribieron y dispersaron otras doctrinas que los cristianos necesitaban creer, surgió la idea del cristianismo ortodoxo. Esto, junto al auge del gobierno eclesiástico episcopal uniforme (basado en la autoridad de los obispos), condujo al concepto de una iglesia, con un conjunto de creencias y un sistema de gobierno, que es de alcance universal. De ahí nació la idea de una iglesia "católica", con "católica" viniendo del griego *Catholicós* que significa "universal". El cristianismo católico era más que una organización física, era una visión espiritual basada en la convicción de que hay un solo cuerpo de Cristo que incluye a todos los cristianos.

El término "católico" nunca aparece en el Nuevo Testamento, a pesar de que la idea de la futura universalidad del cristianismo está allí. A Ignacio, obispo de Antioquía, se le atribuye el uso del término primero en algunas cartas que escribió a otras iglesias a principios del siglo II. El término fue ampliamente utilizado para finales del siglo II. Su uso significaba que la iglesia era universal, aunque incluía congregaciones locales, y ortodoxia en sus creencias, en contraste a los grupos heréticos.

Cuando el emperador romano Constantino aceptó el cristianismo en el año 312, la era de una iglesia verdaderamente "católica" comenzó a llegar a su fin. Debido a su influencia, muchos se unieron a la iglesia. En el año 380, el emperador Teodosio emitió una orden imperial ordenando a todos los súbditos que creyeran en el cristianismo. Creía que su voluntad estaba ligada a la voluntad de Dios. Esta idea estaba implícita en la época del Imperio cristiano (312–590). El emperador comenzó a interferir en los asuntos de la iglesia, que ahora incluía a casi todos los ciudadanos. El pueblo no pertenecía a la iglesia porque creyera en la doctrina cristiana, sino por el mandato imperial. Dado que todas las personas en la iglesia ya no sostenían creencias ortodoxas, el concepto inherente al cristianismo católico se perdió. A pesar de que la iglesia ya no era católica en su sentido original, el nombre se conservó y todavía está en uso por la Iglesia Católica Romana en la actualidad.

Monacato

Probablemente, como reacción a que el Imperio Romano fuera declarado cristiano, y con eso, que el mundo entrara a la iglesia, el monacato se convirtió en un movimiento importante en el cristianismo durante los siguientes ochocientos años. El monacato tiene que ver con monasterios, monjes y monjas. El término monasterio viene del griego *monazein* que significa "vivir solo". Monje viene del griego *monos* "solo", y monja es la forma femenina latina *nonna* que significa "monje".

Incluso antes de la época del emperador Constantino y Teodosio, había monjes que vivían una vida ascética (absteniéndose de las comodidades y placeres mundanos), pero el origen de los primeros monasterios cristianos no se tiene claramente. Poco después de la muerte de los apóstoles, surgió la idea de un nivel más bajo y alto de moralidad. Algunos comenzaron a enfatizar la enseñanza de Cristo sobre la pobreza (Marcos 10:21) y el camino angosto a la salvación (Mateo 7:14). Los primeros monjes que conocemos practicaban una forma extrema de vida monástica, viviendo solos en desiertos, y se les llamaba ermitaños (de la palabra griega para "desierto"). Sus vidas representaban la lucha individual contra el diablo y la tentación que todos enfrentamos.

Más tarde, los monjes se dieron cuenta de que, si bien es una lucha individual, es mejor no luchar solo. La primera comunidad de monjes, o monasterio, se instituyó alrededor del año 320, con una vida común regulada de trabajo y culto. Abrió la puerta para que las mujeres vivieran la vida monástica, ya que la vida de un ermitaño en el desierto no era adecuada para ellas. Durante los siglos IV y V, el monacato se convirtió en un movimiento que afectó a todos los niveles del cristianismo en áreas de Oriente Medio y Europa. La meta era la imitación de Cristo y el medio para alcanzarla era un triple voto de pobreza, castidad y obediencia.

Los monasterios proporcionaron grandes beneficios a la iglesia y al mundo. El trabajo del monje se convirtió en la tarea académica de estudiar y copiar las Escrituras y los escritos de los padres de la iglesia. También copiaron y conservaron escritos de la literatura y filosofía clásica. Durante siglos, los monasterios fueron casa de las únicas escuelas para educar a la población. Además, eran la fuente de ayuda para las viudas, los huérfanos y los pobres. En los siglos V y VI, casi todos los líderes eclesiásticos eran monjes o estaban estrechamente vinculados a un monasterio. Los monasterios produjeron grandes eruditos y misioneros durante un período difícil de la historia europea.

Al llegar el 1100, el monacato estaba en declive. Los monasterios se habían convertido en receptores de donaciones de tierras y riquezas, enriqueciendo a los monjes. Esto atrajo a personas menos devotas a convertirse en monjes. Los donantes ricos insistieron en que los monasterios acogieran a sus hijos e hijas rebeldes. Alrededor de este tiempo, las catedrales del cristianismo no monástico se estaban convirtiendo en las nuevas casas de las escuelas y establecían universidades. La Reforma asestó otro golpe a la forma de vida de los monjes, creyendo que sus formas de adoración, con oraciones repetitivas y ayunos, no valían nada. Hay algunas de estas órdenes religiosas hoy en día, pero son pocas y distantes entre sí.

Organización eclesiástica

Mientras los monasterios ganaban prominencia, la forma no monástica del cristianismo se organizaba como una institución que abarcaba todo el imperio. Durante los siglos III y IV, la organización eclesiástica se desarrolló en dos áreas. Primero, estaba la autoridad de los concilios eclesiásticos. Cuando era necesario abordar problemas comunes, las iglesias de diversas áreas enviaban a sus ancianos u obispos a las reuniones del consejo. Para finales del siglo III, los concilios se reunían anualmente en cada provincia. Constantino convocó el primer Concilio General de toda la Iglesia, que incluyó obispos de muchas áreas. Ese concilio fue en Nicea en el año 325. Los decretos de este concilio y de los posteriores se convirtieron en la ley de la iglesia.

La segunda área en la que se desarrolló la organización eclesiástica fue en la jerarquía de autoridad de los obispos. Los obispos de todas las iglesias eran iguales en autoridad, en teoría. Sin embargo, esto no se mantuvo en la práctica. Las iglesias establecidas por los apóstoles eran vistas como más prestigiosas que las que no lo eran, y sus obispos eran vistos como sucesores apostólicos y eran muy respetados. Los obispos de las grandes ciudades a veces ejercían autoridad sobre los de los pueblos pequeños.

La estructura del Imperio Romano se convirtió en el modelo por el cual la iglesia se organizó. El nivel más bajo era la provincia, y la ciudad designada como sede provincial se convirtió en la ubicación del obispo gobernante en la provincia. El siguiente en la escalera del imperio era la metrópolis (la ciudad principal de un condado o región). Los obispos de estas ciudades principales comenzaron a supervisar a los obispos de las sedes provinciales. Por último, el imperio estaba dividido en unas pocas regiones principales: la iglesia de Roma teniendo autoridad en Italia, la iglesia de Antioquía teniendo autoridad en Siria, la iglesia de Alejandría teniendo autoridad en Egipto, Cartago gobernando en el norte de África, y así sucesivamente. Los obispos de estas iglesias tenían gran influencia y poder en la iglesia. El Concilio de Nicea en 325 reconoció a los obispos de Roma, Antioquía y Alejandría como preeminentes en su propia área del imperio (al obispo de Jerusalén se le concedió un estatus honorífico). Cuando Constantino trasladó su trono a Constantinopla en el año 330, al obispo de esa ciudad se le concedió el mismo estatus que a los que acabamos de nombrar. Se estableció la política de la administración de los asuntos eclesiásticos por parte de los obispos de unas pocas ciudades importantes, y sus obispos fueron llamados patriarcas.

A medida que el cristianismo crecía de las ciudades hacia el campo, se establecieron iglesias más pequeñas para los conversos. Hasta que la iglesia creció, se enviaron clérigos de la ciudad para supervisar la obra. Estos pastores que servían allí no eran obispos. Se les llamaba sacerdotes, de *presbítero*, la palabra griega para "anciano". El párroco es una posición familiar en algunas iglesias hoy en día.

El surgimiento del Papa

Desde sus comienzos, la iglesia en Roma ha reclamado una posición especial, creyendo que fue fundada por el apóstol Pedro, la roca sobre la cual Cristo iba a edificar su iglesia, y porque estaba en la ciudad imperial del Imperio Romano. Su obispo tenía un honor especial, pero no se diferenciaba en autoridad de los obispos de otras ciudades importantes. Calixto, obispo de Roma de 217 a 222, fue el primero en reclamar un poder especial. Durante los primeros dos siglos, la mayoría de los cristianos creían que todos los pecados cometidos hasta el momento del bautismo eran lavados y perdonados. Había tres pecados considerados tan graves que si se cometían después del bautismo, aunque fueran perdonados por Dios, no serían perdonados por la iglesia. El castigo era la excomunión de la iglesia y, por lo tanto, la privación de la Cena del

Señor, que se creía que era el canal de la gracia divina. Esos pecados eran la inmoralidad sexual, el asesinato y la apostasía (la negación de la fe). Durante los períodos de persecución, muchos cristianos más débiles negaron la fe para salvar sus vidas, pero luego se arrepintieron. Muchos pidieron una relajación de las reglas, y Calixto fue el primer obispo en aceptar a todos los pecadores arrepentidos, independientemente de su pecado, como una cuestión de política. Reclamó autoridad especial para hacer esto porque, como obispo de Roma, heredó la autoridad de Pedro, y el Señor le había dado a Pedro las llaves para atar y desatar los pecados de los hombres. En treinta años, todas las iglesias ofrecían perdón ilimitado a los pecadores arrepentidos. Las acciones de Calixto fueron un precursor de la autoridad suprema que vendría para el obispo de Roma.

Esa autoridad fue grandemente reforzada por León I, obispo de Roma. En el siglo V, el Imperio Romano estaba debilitado por los constantes ataques de los bárbaros desde las fronteras septentrionales. En el año 452, Atila el Huno estaba listo para capturar Roma. El emperador envió a León como emisario para negociar con Atila con la esperanza de evitar el saqueo de Roma. El ejército de Atila estaba agotado, por lo que accedió a la súplica de León y se retiró de Italia. El obispo de Roma asumió un nuevo papel en el imperio. Tres años más tarde, los vándalos estaban entrado a Roma. El emperador romano había sido asesinado, así que, una vez más, León negoció la salvación de la ciudad. Los vándalos saquearon la ciudad, pero no la quemaron como estaba previsto, y solo unas pocas iglesias fueron saqueadas. El pueblo romano sabía lo que su obispo había hecho para salvar su ciudad, y sabían que el emperador no había hecho nada para salvar la ciudad eterna. El sucesor de Pedro, el Papa, había llegado al poder. Sin embargo, ese poder no se mantuvo fuerte, estuvo en un estira y encoge hasta el siglo XI.

En resumen, el Papa, como cabeza de la Iglesia Católica Romana, es considerado el sucesor de Pedro y el Vicario (representante terrenal) de Cristo. Ese cargo pertenece al obispo de Roma. El término griego *pappa*, del cual se deriva el término "papa", se usaba en griego antiguo como un término cariñoso para "padre" o "papá". A principios del siglo III, se aplicó a los patriarcas, obispos y párrocos del Imperio de Oriente. Su uso en Occidente se limitó casi al distrito de Roma. Desde el siglo VI hasta el siglo XI, fue un título no oficial para el obispo de Roma. A finales del siglo XI, el papa Gregorio II oficializó el título. El término "papado" se ha utilizado desde entonces para distinguir el oficio del obispo romano de todos los demás.

Divisiones que cambiaron el rostro de la Iglesia

Dos profundas divisiones en la Iglesia Católica Romana tuvieron efectos dramáticos en la apariencia externa del cristianismo al mundo. Las razones detrás de estas divisiones se detallarán en el próximo capítulo. Aquí nos ocuparemos sólo de los cambios en la estructura organizativa y de gobierno adoptados por las nuevas divisiones. La Iglesia Católica Romana ha permanecido básicamente igual, en estructura y organización, desde el siglo VI.

La primera ruptura en la Iglesia Católica Romana se convirtió en un cisma permanente en 1054 cuando la Iglesia Oriental se separó de la Iglesia Occidental, lo que dio lugar a las Iglesias Católica Latina Occidental y Ortodoxa Griega Oriental. Además de las diferencias en los idiomas utilizados en sus misas y liturgias, la Iglesia Católica miraba a Roma y a su papa para la autoridad final, y la Iglesia Ortodoxa buscaba a un concilio de patriarcas (obispos gobernantes) para la autoridad final. Hasta el día de hoy, el gobierno real de las iglesias locales está mucho más descentralizado en la Iglesia Ortodoxa que en la Iglesia Católica. La Iglesia Ortodoxa es una federación de iglesias autónomas, donde el gobierno descansa en el sínodo o concilio local compuesto por un obispo electo, el clero local de sacerdotes y diáconos, y ciertos laicos influyentes. Todo obispo está obligado a defender las Escrituras y la tradición apostólica. La Iglesia Católica está gobernada por una jerarquía con el Papa en la parte superior que nombra a los obispos. Sus edictos gobiernan la iglesia, con consejos inferiores encargados de velar por que se cumplan sus edictos. Los cardenales son los más altos funcionarios eclesiásticos por debajo del Papa. Sirven como consejeros del papa y llevan a cabo tareas administrativas. Periódicamente, el Papa convocará un concilio ecuménico de todo el catolicismo. Los dos más recientes fueron el Vaticano I (1869–1870) y el Vaticano II (1962–1965). Antes de que los consejos se reúnan, se forman comisiones para estudiar varios aspectos de la doctrina u organización de la iglesia. Los hallazgos se presentan, discuten y aprueban en los concilios, todo a instigación del Papa y con su aprobación final. Si bien las Iglesias católica y ortodoxa tienen en común la mayoría de las tradiciones, existen algunas diferencias profundas que las convierten en diferentes ramas de un mismo árbol.

La segunda separación de la Iglesia Católica Romana se llama la Reforma, o la Reforma Protestante, a principios de los años 1500. Resultó en un cambio aún más dramático en la apariencia externa del cristianismo al mundo que la división entre Oriente y Occidente. Para el mundo, después de la Reforma, el cristianismo tenía tres ramas, y la más nueva, la rama protestante, que paulatinamente se dividió en miles de denominaciones e iglesias independientes. Todos los reformadores estaban en desacuerdo con la Iglesia Católica Romana sobre ciertos temas de doctrina y práctica del cristianismo, y pronto aprendieron que diferían entre sí sobre algunos de los mismos temas. Para el año 1535, la Iglesia Protestante se había dividido en anabaptistas, anglicanos, luteranos y reformados. Siguieron más divisiones a medida que los cristianos seguían las enseñanzas de los hombres y fundaban movimientos que adaptaban sus nombres (menonitas, wesleyanos) o que recibían el nombre de un elemento clave de su doctrina (bautista, pentecostal). Hoy en día, el número de denominaciones e iglesias independientes es de cientos de miles.

Gobierno de la Iglesia Protestante

Básicamente, hay tres tipos de gobierno eclesiástico en las iglesias protestantes. La primera es la forma episcopal. En este tipo, los ministros principales de la iglesia son obispos, y los otros ministros son presbíteros (o sacerdotes) y diáconos. Estos oficios se mencionan en el Nuevo Testamento, a pesar de que el obispo y el presbítero parecen ser el mismo oficio. La Iglesia de Inglaterra, algunas iglesias luteranas y algunas metodistas conservan esta forma de gobierno eclesiástico.

El segundo tipo de gobierno eclesiástico es el presbiteriano. Este sistema también afirma estar basado en el Nuevo Testamento, y enfatiza la importancia de los ancianos o presbíteros. Las iglesias presbiterianas son independientes unas de otras, pero comparten una confesión común y practican la forma presbiteriana de gobierno eclesiástico. La iglesia local elige un "consistorio" que gobierna sus asuntos. Está dirigido por el ministro que es llamado por la congregación. Hay una Asamblea General encima de la iglesia local.

El tercer tipo de gobierno eclesiástico se llama congregacional. En esta forma de gobierno, la congregación conserva toda la autoridad para gobernar los asuntos de la iglesia local, basándose en principios democráticos. Una vez más, esta forma de gobierno se ve a sí misma en el Nuevo Testamento, donde las congregaciones locales se autogobernaron después de la muerte de los apóstoles fundadores. Las iglesias congregacionales adoptan muchas formas. Los peregrinos establecieron el congregacionalismo en Estados Unidos a principios de 1600, pero el sistema es mucho más amplio que la denominación que lleva su nombre. Las iglesias bautistas, pentecostales, carismáticas e independientes generalmente tienen una forma de gobierno congregacional, ya que la iglesia local no se ve sujeta a ninguna autoridad externa. Este sistema se presta al abuso, ya que un pastor con una voluntad fuerte y una personalidad carismática puede ejercer una influencia persuasiva sobre una congregación que viene a su iglesia porque les gusta.

Varios elementos de estas tres formas de gobierno eclesiástico se pueden encontrar en el Nuevo Testamento. Están representados hoy en día por iglesias que llevan nombres tales como Anglicana, Asambleas de Dios, Bautista, Carismática, Congregacional, Evangélico Libre, Fundamental, Independiente, Luterano, Metodista, Nazareno, Pentecostal, Presbiteriano, Reformado y Wesleyano. Todos comparten la creencia en los principios básicos de la fe cristiana, pero practican la libertad que da el cristianismo para vivir esa fe como mejor les parezca.

† † †

Preguntas de repaso

1. ¿Qué significa el término "Eclesiología"?

2. ¿En qué libro de la Biblia vemos los primeros esfuerzos para llevar a cabo la "Gran Comisión"?

3. ¿Cuál fue el resultado de la primera ruptura de la Iglesia Católica Romana en el año 1054? La segunda ruptura en los años 1500.

4. ¿Cuáles son los tres tipos de gobierno en las Iglesias protestantes?

Capítulo 5

LA IGLESIA DIVIDIDA

En este capítulo examinaremos brevemente las razones detrás de la división de las Iglesias Católica y Ortodoxa, la Reforma y la división de la Iglesia Protestante en varias denominaciones. A lo largo de la historia del cristianismo, todas las partes de todas las divisiones afirman estar adheridas a las Escrituras, encontrando la base de sus posiciones en el Nuevo Testamento. Todos están de acuerdo en que hay una sola iglesia universal que está compuesta, no por una institución, sino por individuos creyentes en Cristo. Puesto que los humanos no sabemos quiénes son los verdaderos creyentes, se les llama la Iglesia Invisible. La Iglesia Visible es donde surgen las diferencias. Ahí es donde entra en juego el elemento humano que permite diferentes interpretaciones de las Escrituras con respecto a la organización, al gobierno de la iglesia, y la práctica del cristianismo corporativa e individualmente. Cristo no está dividido (1 Corintios 1:13) pero Su iglesia sí lo está. He aquí por qué.

El Gran Cisma

Como se dijo en el capítulo anterior, la primera división en la Iglesia Visible fue la separación entre el catolicismo romano occidental y los ortodoxos orientales. Se convirtió en una división permanente en 1054 y se llama el Gran Cisma. Un cisma es la división de un grupo, especialmente un grupo religioso, en facciones opuestas, debido a diferencias que pueden ser doctrinales o no doctrinales, siendo de naturaleza más política. Las diferencias políticas se volvieron doctrinales a lo largo de los siglos, lo que resultó en el cisma.

La grieta inicial en la Iglesia Católica Romana ocurrió en el año 330, cuando el emperador Constantino trasladó su palacio de Roma a la antigua ciudad de Bizancio (en la actual Turquía occidental). Cambió el nombre de la ciudad a Constantinopla, que significa "La ciudad de Constantino". Cuando se mudó, el centro político del imperio también se trasladó de Roma a Constantinopla. Ahora, estaba la Vieja Roma y la "Nueva Roma". Con el tiempo, las iglesias comenzaron a buscar el liderazgo espiritual del obispo de Constantinopla, dándole el mismo estatus que a las otras ciudades importantes, incluida Roma. Al igual que el obispo de Roma había hecho en el pasado, el obispo de Constantinopla se vio arrastrado a la política imperial y se volvió cada vez menos independiente del emperador. La victoria inicial de Constantino y su ascenso al poder en el año 312 se le reveló en un sueño con el signo de la cruz. Fue visto como la sanción de Dios al Imperio Romano a través del reino de Dios en la tierra, y a Constantino, como emperador, siendo el representante divino de Cristo en la tierra. Constantino creía en el Estado como el "portador" de la religión porque reflejaba y expresaba directamente la voluntad divina para el mundo en la sociedad humana. Tal noción fue un elemento importante en el cristianismo oriental durante los siguientes mil años.

Las condiciones eran exactamente lo contrario en Roma. El Imperio Romano se estaba debilitando en Occidente, sufriendo muchas invasiones de paganos y bárbaros del norte. A medida que el imperio se debilitaba, el obispo de Roma se volvió más independiente, sin un rival fuerte en el poder. Alrededor de este tiempo, León I hizo sus hazañas (ver Capítulo 4) para salvar a la ciudad de Roma de la destrucción, jactándose así del poder y el prestigio del obispo de Roma en Europa Occidental.

La Iglesia católica en Occidente y la Iglesia ortodoxa en Oriente estaban en desacuerdo sobre varios temas que no eran razones para el cisma, como el uso de íconos, el celibato del sacerdocio, las barbas sacerdotales y el afeitado de la cabeza de los monjes, y el uso de pan sin levadura en la Eucaristía o Cena del Señor. Dos cuestiones de desacuerdo resultaron ser fundamentales para la doctrina de las dos iglesias y de suficiente importancia como para justificar el cisma. La primera, conocida como la Doctrina Petrina, fue de absoluta importancia en Occidente, pero fue rechazada en Oriente. La doctrina petrina se basa en las promesas del Señor a Pedro de que "tú eres Pedro, y sobre esta piedra edificaré mi iglesia" (Mateo 16:18), junto con las llaves del reino de los cielos, y el poder de atar y desatar (vs. 19). Desde el punto de vista católico, esto le dio a Pedro primacía entre los apóstoles, y puesto que él fundó la iglesia en Roma y fue su primer obispo, la iglesia en Roma y sus obispos sucesivos tienen primacía sobre todas las demás iglesias y obispos. La Iglesia de Oriente mantuvo la primacía del emperador en el Imperio Romano cristiano, comenzando con Constantino.

La otra cuestión, que resultó ser la más decisiva, se conoce como la controversia sobre el *Filioque*. En el siglo VI, la Iglesia católica española trató de establecer más claramente la doctrina de la co-igualdad de la Trinidad insertando las palabras *ex patre Filioque* (en latín "y del Hijo") en el Credo de Nicea del año 325. Esto añadió la idea de que el Espíritu Santo procedía del Hijo, así como del Padre. La Iglesia Oriental rechazó esto teológicamente y se opuso a cualquier cambio que se hiciera al Credo de Nicea, ya que se había acordado en el siglo IV que no se podía hacer ningún cambio en la redacción de este credo, excepto por el consentimiento de un concilio de iglesias. Posteriormente, la Iglesia Católica y el Papa adoptaron el *Filioque* y acusó a la Iglesia Ortodoxa de haber alterado el Credo de Nicea. En 1054, una delegación fue enviada por el papa en Roma al Patriarca de Constantinopla, quien rechazó abiertamente la pretensión de la autoridad papal y la claúsula *Filioque* al Credo de Nicea. Esto dio lugar a que el Patriarca de Constantinopla fuera excomulgado de la Iglesia Católica oficial, y el Gran Cisma se completó. Las dos tradiciones se habían ido distanciando lentamente en la forma y el contenido de su cristianismo, y desde 1054 hasta la Reforma, el cristianismo tuvo dos caras distintas mirando al mundo pagano. Se han hecho esfuerzos para unir a las dos, pero ha sido en vano. Cuando llegó la embestida musulmana, la Iglesia Oriental necesitó la ayuda desesperada de la Iglesia Occidental. La respuesta de Occidente fue el saqueo de Constantinopla en 1204 por las cruzadas católicas. En 1965, el Papa Pablo VI rescindió la excomunión del Patriarca de Constantinopla emitida en 1054. Sin embargo, la afirmación de la infalibilidad papal y la redacción del Credo de Nicea todavía cimentan la división entre el cristianismo católico romano y el cristianismo ortodoxo oriental.

La Reforma

En los siglos previos a la Reforma, las amplias regiones de Europa se dividieron en naciones. Las naciones estaban teniendo sus propios reyes. Los reyes no querían doblar la rodilla ni la bolsa ante el Papa. Se estaban inventando máquinas para ayudar a las personas a hacer su trabajo, permitiéndoles producir más, en menos tiempo. Esto liberó tiempo para el ocio y para la educación formal. A medida que más personas podían leer la Biblia en su propio idioma, podían ver cómo la Iglesia Católica había reclamado poderes que solo Cristo tenía, y que los ataban a la iglesia en lugar de Cristo. Esto, junto con lo que estaba sucediendo en la sociedad europea, hizo que la época de Martín Lutero fuera el momento adecuado para la Reforma.

Generalmente se le atribuye el inicio de la Reforma a Martín Lutero (1483–1546), pero durante varios siglos antes de Lutero, otros dentro de la Iglesia Católica habían estado en desacuerdo con la política o la doctrina de la Iglesia y habían pagado el precio. Pedro Valdo (1140–1217) vivió en Lyon, Francia. Se convirtió en un predicador itinerante, predicando que la Iglesia Católica no era infalible. Miró a las Escrituras como la fuente de la verdad religiosa, traduciendo porciones de las Escrituras al lenguaje común de la gente. Se le prohibió predicar, se le condenó, se le excomulgó y la iglesia lo expulsó de Lyon. Sus seguidores, los valdenses, perduraron hasta la Reforma, cuando la mayoría fueron absorbidos por las denominaciones protestantes. Todavía se puede encontrar un pequeño grupo de valdenses en el norte de Italia.

John Wycliffe, (1329–1384), un hombre inglés llamado La Estrella de la Mañana de la Reforma. Es mejor conocido por su traducción de la Biblia al inglés. Se opuso a la infalibilidad del Papa, predicó sobre la responsabilidad del clero de servir en lugar de gobernar, y enfatizó la iglesia invisible, en lugar de la visible. Fue condenado por el papa en 1377, pero fue protegido por el Parlamento inglés. Cuarenta y cuatro años después de su muerte, su cuerpo fue exhumado y quemado por orden de la Iglesia Católica.

Juan Hus (1373–1415) fue un rector y predicador checo en Praga. Se dio cuenta de las enseñanzas de John Wycliffe y comenzó a defenderlas de los críticos. Se le prohibió predicar, lo que ignoró, y comenzó a denunciar el papel de las indulgencias como herejía. Por sus esfuerzos, la iglesia lo declaró hereje obstinado y discípulo de Wycliffe, fue depuesto del sacerdocio y quemado en la hoguera en 1415.

Girolamo Savonarola (1452–1498) fue un monje italiano que se convirtió en un predicador itinerante, atacando la corrupción en la iglesia y la autoridad del Papa. Tuvo una amplia influencia, pero fue excomulgado por el papa en 1497. Declaró que la excomunión era inválida porque el papa no era cristiano, y continuó predicando. Savonarola fue arrestado, condenado por herejía, ahorcado y luego quemado a la edad de 46 años.

Durante la época de estos antepasados de la Reforma, Europa no estaba preparada para un cambio radical en su religión. Pero durante su tiempo, las cosas se estaban poniendo en su lugar para una reforma radical de todas las áreas de la vida europea. La Reforma Protestante estaba llegando.

El historiador Howard Vos ofrece una buena sinopsis de las condiciones en Europa en vísperas de la Reforma. A principios del siglo XVI, Europa se encontraba en un estado de cambio y agitación. Políticamente, Europa fue desafiada en todos los frentes. Internamente se estaba dividiendo en Estados-nación. Externamente, Portugal y España estaban gastando mucho dinero y atención en su exploración de África, el Lejano Oriente y el Nuevo Mundo. Al mismo tiempo, las fuerzas islámicas atacaban desde el este. Desde el punto de vista económico, Europa se estaba traduciendo en una economía monetaria, en la que las nuevas tecnologías daban lugar a nuevas industrias. Esto, a su vez, dio lugar a una nueva clase media entre la aristocracia y los campesinos. Los campesinos buscaban una salida a la opresión social y económica. Los reyes necesitaban dinero para los ejércitos y el bienestar general de su pueblo. Las empresas de clase media necesitaban capital para sus nuevos emprendimientos. Los campesinos necesitaban comida, ropa y refugio. La iglesia se vio muy afectada. Todas las clases de la sociedad se resistieron a los esfuerzos de la iglesia por obtener riquezas.

Había llegado el Renacimiento. Intelectualmente, el humanismo era la visión dominante del mundo. Se hizo hincapié en la capacidad del hombre para hacer del mundo un lugar mejor. Hubo un renovado interés por el estudio de la lengua griega para que los clásicos pudieran ser estudiados en su lengua original. Dado que la Biblia era la más grande de la literatura antigua, se estudió como disciplina académica en las nuevas universidades. Había surgido un espíritu crítico. Cuando ese espíritu se volvió hacia la iglesia, la iglesia se encontró deficiente. Había inmoralidad entre gran parte del clero, y el deseo de dinero se evidenciaba por la simonía (pagar para adquirir un cargo eclesiástico) y la compra de la salvación a través de indulgencias. Los sacerdotes y feligreses se vieron afectados por el secularismo de la cultura. Howard Vos concluye: "A una época como esta, que hervía de inquietud y afligida por una multitud de problemas y anhelos, vino Martín Lutero. Él era una voz que hablaba en nombre de una multitud que no había tenido voz".

Los reformadores tuvieron problemas con la doctrina y la práctica de la Iglesia Católica en muchas áreas. Durante muchos siglos, las Escrituras habían sido posesión exclusiva del sacerdocio. La gente no tenía acceso a ellas, y tampoco podrían haberlas leído si las hubieran tenido, ya que el latín y el griego no eran las lenguas comunes de la gente. El pueblo estaba a merced del sacerdocio para que les dijera lo que debían creer. Cuando

John Wycliffe tradujo las Escrituras al inglés, y Martín Lutero al alemán, se reveló cuán lejos se había desviado la Iglesia Católica de la Biblia en muchas áreas. Para los reformadores, la Escritura debe ser el juez de todas las tradiciones y la única fuente de la doctrina cristiana.

El fundamento de la autoridad papal, la doctrina petrina, fue vista como una mala interpretación de lo que Jesús le dijo a Pedro. La roca sobre la que se edificaría la iglesia no era Pedro mismo, sino su fe en Jesús, el Cristo. Jesucristo es el único mediador y abogado ante Dios. Las enseñanzas de la iglesia acerca de María como mediadora, y los santos muertos como intercesores, no se encontraron en el Nuevo Testamento y fueron rechazadas por los reformadores. También se rechazó la distinción de la iglesia entre la vida cristiana superior del sacerdocio, monjes y monjas, y la vida más baja o inferior del cristiano secular. Ellos veían en las Escrituras que el sacerdocio era de todos los creyentes, y que todas las ocupaciones y llamamientos humanos, fueran zapateros, granjeros, herreros o amas de casa, tenían dignidad y valor cuando se hacían para la gloria de Dios. A diferencia del sacerdocio célibe católico, los reformadores enfatizaron la importancia del matrimonio clerical y la vida familiar.

Estas posiciones de la Reforma fueron publicitadas por Martín Lutero en cinco tratados que circularon ampliamente tres años después del evento que desencadenó la Reforma Protestante, que comenzó en Alemania y se extendió por toda Europa. Lutero había sido un monje que buscaba la paz con Dios, pero la vida monástica trajo angustia espiritual y mental, en lugar de paz. Se estaba hundiendo en períodos prolongados de ayuno, confesión y daños autoinfligidos. El resultado fue más angustia. A medida que leía y enseñaba las Escrituras, una de ellas finalmente iluminó su alma. Fue de la carta de Pablo a los Romanos

(1:17) donde leyó: "El justo por la fe vivirá". Llegó a creer que el cristiano es justificado ante Dios, no por sus obras, sino por la fe en la obra terminada de Cristo en la cruz. La salvación no se encontraba en ser miembro de la Iglesia Católica y hacer todo lo que se requería (en obras y riquezas), sino únicamente en la fe en el Cristo de esa iglesia. Martín Lutero encontró la paz en tal verdad. *Sola Fide* (solo la fe) se convirtió en un grito de guerra de la Reforma.

El acontecimiento que desencadenó la reforma ocurrió en 1517. El arzobispo de Maguncia, Alemania, llegó a un acuerdo con el papa León X para vender indulgencias en Alemania, la mitad del dinero recaudado sería utilizado para construir la catedral de San Pedro en Roma, y la otra mitad para pagar las deudas personales del arzobispo. Los que vendían las indulgencias prometían el perdón de los pecados a cambio de hacer una donación al fondo de construcción de la catedral de San Pedro. Incluso prometieron la liberación de un alma del purgatorio a cambio de una contribución de una cantidad suficiente, usando la cancioncilla "Tan pronto como la moneda suena en el cofre, el alma salta del purgatorio". Esto era más de lo que Lutero podía soportar.

En protesta contra la venta de indulgencias, Lutero escribió sus Noventa y cinco tesis para su debate y, siguiendo la tradición universitaria, las colocó en la puerta de la Iglesia del Castillo de la Universidad de Gutenberg el 31 de octubre de 1517. Debido al advenimiento de la imprenta, los ejemplares se extendieron rápidamente por toda Europa, lo que aumentó el apoyo popular en todas partes. Lutero incluso envió una copia al Papa, donde no fue tan bien recibida. Después de más de diez años de tratar de detener lo que se conocía como el Movimiento Luterano, el Papa convocó un concilio en Espira, Alemania, en 1529, donde se resolvió que el movimiento ya no sería tolerado en tierras católicas. Una *protesta* contra esta acción fue tomada por los príncipes y ciudades alemanas, cuando, en el mismo año, emitieron una declaración llamada *Protestatio*. A partir de esto, el nombre de protestante se unió a todo el movimiento reformista. El *Protestar* no era solo una protesta, era una confesión que se veían como un reavivamiento de la fe y la práctica de la iglesia primitiva.

Los cambios que tuvieron lugar en la iglesia fueron paralelos a los cambios que tuvieron lugar en la estructura política de Europa. A medida que Europa evolucionaba hacia los estados-nación, los reyes y príncipes querían más control sobre los territorios que gobernaban. La Reforma Protestante significó que ahora había dos iglesias para elegir, y los reyes y príncipes exigieron la autoridad para escoger la religión de sus dominios. Esto causó muchas guerras entre católicos y protestantes durante muchos siglos. La guerra estalló en Alemania en el año de la muerte de Lutero (1546), y no se resolvió hasta 1555, cuando se acordó reconocer el catolicismo y el luteranismo como religiones legales en Europa, pero el luteranismo se limitó principalmente a Alemania y Escandinavia.

Martín Lutero proporcionó respuestas bíblicas a cuatro preguntas clave sobre el cristianismo, respuestas que contradecían las dadas por la Iglesia Católica. La primera pregunta es, ¿cómo se salva una persona? La respuesta católica está en la fe, la membresía en la iglesia y las buenas obras. La respuesta de Lutero es, solo por fe en el mérito del sacrificio de Cristo en la cruz. La segunda pregunta se refería a la autoridad religiosa. La Iglesia Católica dijo que estaba en los papas y en los concilios; Lutero dijo que las Escrituras contienen la norma para la fe y la práctica. La tercera pregunta tenía que ver con la naturaleza de la iglesia. La respuesta católica fue que la Iglesia es una jerarquía sagrada de sacerdotes y potentados encabezada por el Papa. Lutero vio en las Escrituras una descripción de la iglesia como la comunidad de todos los creyentes, actuando como sacerdotes que ofrecen sacrificios espirituales y servicio a Dios. Y la cuarta pregunta tenía que ver con la esencia de la vida cristiana. La iglesia enseñó que la vida cristiana más elevada era el sacerdocio, mientras que el cumplimiento del deber religioso por parte de los laicos está a un nivel mucho más bajo. Lutero respondió que la esencia de la vida cristiana es servir a Dios en cualquier vocación útil, ya sea como clérigo o laico. Estas creencias centrales de Martín Lutero todavía deben ser parte de cualquier iglesia que se llame a sí misma protestante hoy en día.

Martín Lutero enfatizó una y otra vez el derecho y el deber de cada creyente de leer e interpretar las Escrituras por sí mismo. Esto, por supuesto, puede dar lugar, y de hecho lo hizo, a diferentes interpretaciones de las Escrituras, y casi inmediatamente le dio al protestantismo una existencia multiforme. De la Reforma surgieron cuatro tradiciones protestantes principales: luterana (ya discutida), reformada, anabaptista y anglicana.

La tradición que llegó a conocerse como "reformada" surgió casi al mismo tiempo que el luteranismo. Para finales del siglo XVII, ya era la forma principal de protestantismo en una parte de Europa que se extendía hacia el oeste desde Rumania hasta Suiza, hacia el norte hasta Holanda (Países Bajos) y a través del Mar del Norte hasta Escocia. El protestantismo reformado y el protestantismo luterano tenían algunas diferencias ideológicas amplias. Lutero originalmente no tenía la intención de separarse de la Iglesia Católica, rechazando solo aquellas enseñanzas y creencias que él sentía que contradecían las Escrituras. Los reformados sólo querían retener aquellas enseñanzas y creencias de la Iglesia Católica que consideraban que eran requeridas expresamente en las Escrituras. Lutero era pesimista acerca de que los salvos por la gracia de Dios pudieran llevar a toda la sociedad al Reino de Dios. Las Iglesias Reformadas tenían más esperanzas de que la sociedad pudiera ser puesta en conformidad con la voluntad de Dios en la tierra.

El primer líder del protestantismo reformado fue el suizo Ulrico Zuinglio (1484–1531). Fue ordenado sacerdote católico, pero cuanto más estudiaba las Escrituras, más errores veía en la Iglesia Católica. Él predicó sobre la autoridad de las Escrituras y la salvación por la fe, y suspendió la misa. Una línea divisoria de separación entre Zuinglio y Lutero fue trazada en la práctica de la Cena del Señor. La Iglesia Católica Romana se aferró a la doctrina de la transubstanciación, que dice que en la Cena del Señor, la sustancia de los elementos del pan y el vino se transforma en la sustancia del cuerpo y la sangre de Cristo, aunque la apariencia permanece igual. Lutero rechazó la idea de que la sustancia de los elementos se transformara en la sustancia del cuerpo y la sangre de Cristo, pero sí creía que Cristo estaba físicamente presente en los elementos, de modo que el pan y el cuerpo se comen, y el vino y la sangre se beben. Zuinglio sostenía que la Cena del Señor era un memorial de la muerte abnegada de Cristo, utilizando símbolos que apuntaban a una realidad espiritual. Los reformadores alemanes y suizos rompieron entre sí por esta cuestión. A finales del siglo XVI, los reformadores zuinglianos se fusionaron con el calvinismo.

Juan Calvino (1509–1564) demostró ser el líder más influyente de la era de la Reforma, a pesar de que no era tan dominante en las iglesias reformadas como lo fue Lutero en las iglesias luteranas. Su principal influencia vino a través de sus escritos, cuyos efectos continúan en la actualidad. *Los Institutos de la Religión Cristiana* se convirtió en el escrito más influyente de la Reforma. En él expuso sus ideas de cómo era el cristianismo antes de que fuera corrompido por la Iglesia Católica, siguiendo de cerca el Credo de los Apóstoles y los escritos de Agustín. Calvino desarrolló un catecismo y artículos de fe que todavía se usan en todo el mundo. El calvinismo casi se ha convertido en sinónimo de iglesias reformadas. Fue su teología la que dio forma a la Iglesia Protestante de Francia, la Iglesia de Escocia, las Iglesias Reformadas en Alemania, Hungría y Holanda, así como el puritanismo en Inglaterra y Estados Unidos.

La Reforma Protestante dio lugar a algunos movimientos radicales que se apartaron más bruscamente del catolicismo romano que los movimientos luteranos y reformados. Los principales entre estos protestantes radicales eran los anabaptistas (del griego *ana* que significa, en contra). Se les llamaba anabautistas porque insistían en que el bautismo de niños no era un verdadero bautismo. Enseñaban que solo los creyentes debían ser bautizados y que si una persona había sido bautizada cuando era un bebé, debía ser bautizada de nuevo después de haber tenido la experiencia de ser justificado por la fe. Todos estuvieron de acuerdo en esto, aunque el movimiento anabautista dio cabida a puntos de vista muy diversos sobre muchos otros temas, de los que muchos eran pacifistas, algunos místicos, pero pocos eran completamente bíblicos. No querían tener comunión con luteranos, reformados o católicos. Algunos trataron de vivir en comunas que tuvieran todo en común. Su principal contribución al protestantismo fue la insistencia en la separación de la iglesia y el estado, dando lugar al movimiento de la "iglesia libre" y a la libertad de culto para todos los creyentes sin el apoyo ni interferencia del estado. La mayoría de los anabautistas estaban en Alemania, Suiza y los Países Bajos de Bélgica, Luxemburgo y Holanda. La mayoría de los anabaptistas que sobrevivieron a la persecución de católicos, luteranos y protestantes reformados pertenecían a los menonitas, que tomaron su nombre de Menno Simons (1496–1561), quien era un sacerdote católico romano que se convirtió a las creencias anabautistas y se convirtió en un fugitivo y un proscrito. La separación del mundo fue la característica que les definía, y todavía caracteriza a los menonitas de hoy.

La Reforma en Inglaterra no fue iniciada por teólogos que querían corregir los errores de la Iglesia Católica, sino por un rey que quería desafiar al Papa en un asunto personal. El rey Enrique VIII quería que se anulara su matrimonio con Catalina para poder casarse con alguien que pudiera producir un heredero varón, ya que Catalina no le había dado ninguno. El Papa no estuvo de acuerdo. En respuesta, Enrique instaló a su propio hombre como arzobispo de Canterbury, quien rápidamente le concedió la anulación. En 1534, el servil parlamento inglés aprobó la Ley de Supremacía declarando que el rey de Inglaterra es, y debe ser, la cabeza suprema de la Iglesia de Inglaterra. El papa había excomulgado a Enrique, quien ahora se encontraba a la cabeza de la Iglesia y del Estado en Inglaterra. Enrique no introdujo la teología protestante en la iglesia, ya que sólo buscaba cambiar la jefatura de la iglesia inglesa. En todas las prácticas, la iglesia seguía siendo católica, pero sin conexión con Roma. La iglesia inglesa llegó a llamarse Anglicana del latín *Anglicus*, que significa inglés.

La iglesia inglesa se volvió hacia el protestantismo durante el reinado de Eduardo VI (1547–1553). Era un niño cuando subió al trono, y fue instruido por hombres que habían aceptado las ideas protestantes. Los servicios religiosos se llevaban a cabo en inglés en lugar de latín, se cambió la liturgia y se abandonó la misa, se permitió el matrimonio para el clero y se compuso un libro de oraciones. Estos cambios aún no eran permanentes, porque la siguiente gobernante, la reina María (1553–1558), era católica. Ella hizo que la iglesia volviera a estar bajo la autoridad católica romana, y ésta, a su vez, retomó la independencia de Roma bajo la reina Isabel I (1558–1603), quien restableció la Iglesia de Inglaterra con su propia liturgia.

Un grupo llamado los puritanos creía que la iglesia no estaba lo suficientemente reformada y quería "purificarla" de su conexión romana. No les gustaba el ritual de la liturgia y querían una doctrina eclesiástica más acorde con el calvinismo. Algunos de los puritanos, un grupo llamado peregrinos, finalmente dejaron Inglaterra para ir a Holanda y, en 1620, viajaron a América, estableciendo la colonia de Plymouth, en el actual Massachusetts. Los puritanos si tuvieron una influencia significativa en el cristianismo protestante en Inglaterra fuera de la Iglesia Anglicana, en Estados Unidos y en Escocia.

La Reforma en Escocia se vio favorecida por el hecho de que la Iglesia católica estaba lejos de Roma y no contaba con el apoyo necesario. Las enseñanzas de John Wycliffe y Martin Luther habían llegado a Escocia y habían encontrado partidarios. Los pioneros reformadores escoceses, Patrick Hamilton y George Wishart fueron martirizados por la Iglesia Católica en 1528 y 1546 respectivamente. Pero la Iglesia católica no pudo detener el movimiento. John Knox (1513–1572) se había convertido al cristianismo a través del ministerio de Wishart. Fue a Ginebra para estudiar con Calvino y regresó en 1559 para comenzar a organizar la Iglesia de Escocia. Él y sus colegas redactaron una declaración de fe y un plan de gobierno eclesiástico que fue aprobado por el Parlamento escocés. Con la ayuda de los puritanos, los comisionados de la Iglesia de Inglaterra escribieron la Confesión de Westminster en 1647, que también fue adoptada por la Iglesia de Escocia. La Confesión de Westminster es la profesión de fe y el estándar de credo para todas las Iglesias Presbiterianas.

Al principio, la Reforma fue un intento de varias personas de reformar la Iglesia Católica a su contenido y forma del primer siglo que se basaba en las Escrituras. Cuando la Iglesia Católica se resistió a los esfuerzos de los reformadores, la Reforma se convirtió en un movimiento separatista, dividiendo a la iglesia visible en Europa en católica y protestante, lo que llevó a la Iglesia Católica a tratar de detenerla.

Contrarreforma católica

La Contrarreforma lanzada por la Iglesia Católica fue exitosa, ya que limitó en gran medida el daño causado geográficamente a la Iglesia Católica, aunque no borrara el protestantismo de Europa. También impulsó a la Iglesia Católica a abordar algunas de las cuestiones teológicas planteadas por los reformadores.

Tres características principales de la Contrarreforma ayudaron a su éxito. La primera fue volver a instituir las Inquisiciones del siglo XIII. Fueron reorganizados en 1542 bajo la autoridad del papa, buscando purgar el movimiento protestante de sus líderes, mediante la tortura, persecución y ejecución. Las Inquisiciones romanas comenzaron con el propósito de suprimir el luteranismo en Italia. Rápidamente se extendió a la España católica y se utilizó en los territorios de Europa y otros lugares bajo control católico. Los Países Bajos, bajo control español, sufrieron una terrible persecución, pero con la ayuda de la marina inglesa, pudieron expulsar a los españoles de su país y establecer la Iglesia Reformada como su iglesia oficial. Italia y España fueron sólidamente católicas después de la Inquisición romana.

Otra característica que ayudó a la Contrarreforma fue la Compañía de Jesús, o los jesuitas, fundada por Ignacio de Loyola en 1534. Los jesuitas estaban totalmente dedicados a obedecer a la Iglesia Católica y fueron dados a medios inescrupulosos para defenderla y expandirla. La Inquisición funcionó donde los protestantes eran una pequeña minoría, pero se necesitaba un esfuerzo estratégico en otras zonas Los jesuitas se trasladaron a las zonas protestantes, estableciendo escuelas y obras de caridad para ganarse el favor de la gente. Los jesuitas no se ajustaron al patrón de otras órdenes católicas, ni se ajustaron a las características del comportamiento religioso que se esperaba de los sacerdotes católicos. Aunque los jesuitas fueron las tropas de primera línea en la lucha contra los reformadores, finalmente fueron expulsados de Portugal, Francia y España, fueron suprimidos por el papa y no fueron restaurados hasta 1814.

La tercera característica que ayudó a la Contrarreforma católica fue el Concilio de Trento. Durante la época de Martín Lutero, hubo un clamor constante por un concilio para tratar las preocupaciones planteadas por aquellos que buscaban la reforma. Finalmente sucedió, pero sólo después de que la Reforma se fortaleciera. El Concilio se reunió en veinticinco sesiones entre 1545 y 1563, bajo el gobierno de tres papas diferentes. Por primera vez, el Concilio emitió una declaración de fe definiendo la ortodoxia católica. El Concilio eliminó algunos de los abusos de poder más flagrantes por parte del clero, pero aparte de eso, hizo poco para apaciguar a los reformadores. Defendía el poder salvífico de algunos sacramentos, el valor de la tradición igual a la Escritura, la existencia del purgatorio y el valor y uso de las indulgencias. El Concilio descartó las posiciones protestantes de justificación por la fe solamente y el sacerdocio de todos los creyentes, cerrando así la puerta a aquellos protestantes que todavía tenían la esperanza de reformar la Iglesia Católica.

La contrarrevolución católica logró detener la propagación del protestantismo en Francia y en todo el sur de Europa. Tuvo un éxito total en Italia y España, tuvo un éxito limitado en Irlanda y Polonia, y solo logró retener un sector de la población en Alemania, Suiza, Hungría, Austria y Bohemia. La Contrarreforma tuvo poco o ningún efecto en los Países Bajos, Escandinavia, Inglaterra y Escocia.

La Guerra de los Treinta Años

El conflicto entre el catolicismo y el protestantismo se produjo en un momento en el que la propia Europa estaba en conflicto político. Las naciones más pequeñas luchaban por liberarse de sus "protectores" que las gobernaban. Reyes y príncipes buscaban expandir sus territorios. El derecho a gobernar la religión estaba en juego. Los países predominantemente católicos querían que la iglesia permaneciera bajo el control del Papa. Los países predominantemente protestantes querían controlar la iglesia por sí mismos. La lucha se volvió aún más refinada cuando los príncipes, incluso de pequeños territorios dentro de un país, quisieron poder dictar la religión para su área de autoridad. Todavía operando sobre la idea de que solo podía existir una religión en cada región, el resultado fue la agitación entre los católicos y los protestantes y entre los protestantes de persuasión luterana y reformada en cada región. A nivel local, y a mayor escala entre las naciones, estallaron guerras.

El período conocido como la Reforma llegó a su fin con un conflicto terriblemente sangriento conocido como la Guerra de los Treinta Años, que comenzó en 1618. Comenzó como una lucha religiosa y terminó siendo política. Alemania fue el premio en el conflicto, ya que, inicialmente, las fuerzas católicas no pudieron vencer a los protestantes en el norte de Alemania, y los protestantes no pudieron desarraigar a los católicos en la parte sur. En los últimos años de la guerra, fue principalmente una lucha por el control político del territorio alemán entre la España católica y la Francia nominalmente católica.

La Guerra de los Treinta Años terminó con la firma de la Paz de Westfalia en 1648. Los términos de la paz exigían que el catolicismo, el luteranismo y el calvinismo fueran reconocidos como formas legales de la fe cristiana. Los reyes y príncipes podían, por primera vez, permitir que católicos y protestantes adoraran en sus territorios. El celo de católicos y protestantes se había gastado en la guerra por los territorios. La idea de que la religión es territorial comenzó a ser cuestionada. El denominacionalismo parecía una alternativa pacífica.

Denominacionalismo

Las semillas del denominacionalismo fueron plantadas por los reformadores cuando estuvieron de acuerdo en el derecho y el deber de cada individuo de leer e interpretar la Biblia por sí mismo, y por su insistencia en que la verdadera iglesia era invisible y no podía identificarse con una institución particular en la tierra. Martín Lutero dijo que las formas exteriores de la iglesia debían dar a la Palabra de Dios un curso libre en el mundo, sin bloquear su poder de salvación. Juan Calvino había escrito que no era posible trazar límites precisos alrededor de la iglesia porque nadie puede saber con certeza quién se cuenta entre los elegidos de Dios.

El término "denominación" se refiere a cualquier organización de cristianos denominada o llamada por un nombre particular. El término se ha aplicado tradicionalmente a movimientos amplios dentro del protestantismo, como el metodista, el bautista o las Asambleas de Dios. La teoría detrás del denominacionalismo es que la verdadera iglesia no puede ser identificada con una sola estructura eclesiástica. Una verdadera denominación no pretende representar a la iglesia total en la tierra, ni tampoco ser la única expresión legítima de la iglesia. Esto distingue a una denominación de una secta, que sí hace esas afirmaciones.

Sorprendentemente, las bases de la teoría denominacional de la iglesia se establecieron en la Asamblea de Westminster (1642–1649), que produjo la Confesión de Fe de Westminster y el Catecismo Mayor y Menor de Westminster, el cual contenía mayormente principios presbiterianos. Una minoría de independientes que se aferraban a los principios congregacionales estaban preocupados por dividir el protestantismo en Inglaterra, por lo que redactaron un documento que expresaba la unidad cristiana en presencia de desacuerdos. Los hermanos disidentes de Westminster dijeron que las diferencias de opinión acerca de la forma exterior de la iglesia son inevitables, dada la incapacidad del hombre para ver siempre la verdad claramente. Estas diferencias externas no involucran los fundamentos básicos de la fe, pero son importantes, ya que cada creyente está obligado a practicar lo que cree que la Biblia enseña. Continuaron afirmando que ninguna iglesia tiene una comprensión completa de la verdad divina y, por lo tanto, la verdadera iglesia nunca puede estar completamente representada en una estructura. Teniendo en cuenta lo anterior, es posible estar en desacuerdo en muchos puntos y aun así estar unidos en Cristo, evitando así el cisma. Ellos creían que la unidad en las creencias básicas y la transformación interior no prohíben la diversidad en la expresión externa de la fe cristiana. El denominacionalismo se definió en Westminster, pero la palabra "denominación" no se usó comúnmente para describir a un grupo religioso hasta alrededor de 1740, durante los primeros años del avivamiento evangélico en Inglaterra, dirigido por Juan Wesley y Jorge Whitefield.

La Iglesia de Inglaterra estaba en una posición favorecida en Inglaterra, por lo que el punto de vista denominacional de la iglesia no fue ampliamente aceptado, incluso después de que en 1689 el Parlamento reconociera los derechos de los bautistas, congregacionalistas, presbiterianos y cuáqueros a adorar libremente. Pero la teoría ganó aceptación y práctica en las colonias inglesas de América. Sólo el denominacionalismo podía dar cabida a las formas multiplicadoras del cristianismo en el Nuevo Mundo. Pero probablemente nadie en el siglo XVII imaginó las miles de denominaciones cristianas que existen hoy en día. Sólo sabían que la tolerancia, dentro de ciertos límites, era mejor que el derramamiento de sangre de siglos anteriores, y no veían otra forma de avanzar.

Ahora, veremos algunas divisiones importantes dentro del denominacionalismo. La primera división importante es entre las conocidas como denominaciones tradicionales y las evangélicas. Las denominaciones tradicionales fueron fundadas antes del siglo XX y aún mantienen tradiciones históricas con una mezcla de tradiciones teológicas. Incluyen iglesias presbiterianas, metodistas, episcopales, luteranas, reformadas y algunas bautistas y congregacionales. La teología de las iglesias tradicionales tiende a ser liberal y ecuménica, con una inclinación social hacia los derechos humanos y cuestiones feministas.

Las denominaciones clasificadas como evangélicas representan un movimiento transdenominacional en el cristianismo moderno, uno que enfatiza la conformidad con los principios básicos de la fe, y un alcance misionero caracterizado por la compasión y la urgencia. El término se deriva del sustantivo griego *evangelion* (buenas noticias) y el verbo *evangelizomai* (proclamar como una buena noticia). La palabra evangelio se deriva de estos. El movimiento evangélico comenzó en los días de Juan Wesley (1703–1791) y Jorge Whitefield (1714–1770). En la década de 1730, surgió una gran urgencia por predicar el evangelio a los perdidos en Inglaterra, Escocia, Gales y Estados Unidos. La iglesia dormida estaba despertando, en lo que llegó a conocerse como el despertar evangélico en Gran Bretaña, y el Gran Despertar en Estados Unidos. Los evangélicos sostenían la doctrina ortodoxa, pero su pasión dominante era predicar el evangelio a los cristianos nominales tanto como a los paganos. Los distintivos básicos de las iglesias evangélicas hoy en día incluyen que la Escritura es divinamente inspirada y guía única autorizada para la fe y la práctica; la salvación personal a través de una experiencia de conversión como la única entrada a la iglesia de Jesucristo; y el mandato de evangelizar en casa y en el extranjero.

La división de las denominaciones en tradicionales y evangélicas es amplia, y por regla general, es una forma de determinar rápidamente los puntos de vista teológicos básicos de la identidad de una iglesia en particular. Como todas las reglas, hay excepciones. Algunas iglesias individuales en las denominaciones principales son en gran medida evangélicas, generalmente porque tienen un pastor fuerte que tiene puntos de vista evangélicos. Y hay iglesias particulares en denominaciones evangélicas que no están motivadas a evangelizar. Una vez más, estas anomalías (desviaciones de la norma) son dirigidas por el pastor.

Otra división en el denominacionalismo ocurre en el lado evangélico. Estas denominaciones se pueden clasificar como evangélicas principales, fundamentales y pentecostales/carismáticas. Las denominaciones que no tienen los distintivos Fundamental o Pentecostal caen en la categoría evangélica principal.

El fundamentalismo es un movimiento que surgió en los Estados Unidos cerca del año 1920, para reafirmar la doctrina protestante ortodoxa y defenderla contra la atracción de la teología liberal y el modernismo. Buscaba preservar las cinco afirmaciones centrales sobre las que se funda el cristianismo: el nacimiento virginal, la deidad de Cristo, la expiación sustitutiva, la segunda venida de Cristo y la autoridad e inerrancia de las Escrituras. Los fundamentalistas generalmente se oponen al pentecostalismo y a los dones carismáticos de milagros, sanidades, lenguas y profecías, que creen que fueron vigentes durante la Era Apostólica; también se oponen fuertemente al ecumenismo. Hoy en día, las iglesias fundamentales extremas se caracterizan por tener solo pastores hombres, el uso de la versión de la Biblia según Reina Valera de 1960, el bautismo por inmersión después de la experiencia de la salvación, la ausencia de música contemporánea y la separación del entretenimiento mundano.

Los protestantes pentecostales creen que los cristianos de todas las épocas pueden recibir el bautismo en el Espíritu Santo, y los mismos dones carismáticos del Espíritu que recibieron los primeros cristianos en el día de Pentecostés y que esto debería ser normativo para todos los cristianos. Sostienen que el bautismo en el Espíritu Santo es una experiencia distinta de la conversión, y la evidencia inicial de este bautismo espiritual es hablar en un idioma desconocido para el hablante. Las iglesias pentecostales se caracterizan por la espontaneidad de la alabanza y la adoración, el canto alegre, el aplauso, el levantamiento de manos y tal vez incluso el baile. Según *La Enciclopedia Cristiana Mundial*, en 1980, los pentecostales constituían el grupo más grande de protestantes en el mundo.

El movimiento de Renovación Carismática es un fenómeno que tiene lugar en las iglesias protestantes desde mediados del siglo XX. También conocido como neopentecostalismo, se caracteriza por un énfasis en los dones carismáticos del Espíritu y la adoración demostrativa. El movimiento de la Renovación Carismática comenzó dentro de las iglesias tradicionales y evangélicas, más que como un movimiento separatista, estando representado incluso en las Iglesias Católica Romana y Ortodoxa Oriental. Las iglesias no pentecostales que experimentan una Renovación Carismática serían la excepción en su denominación, en lugar de la regla. Muchas de estas iglesias han abandonado su denominación para convertirse en iglesias independientes.

Las iglesias independientes, o sin denominación, son congregaciones locales que responden solo a Cristo como Cabeza de la Iglesia. Están libres de los controles eclesiásticos terrenales. Las iglesias congregacionales de los siglos XVII y XVIII establecieron el modelo para las iglesias independientes. Muchas iglesias independientes se ven y actúan como iglesias denominacionales, sosteniendo la misma doctrina, pero no están bajo la supervisión de ninguna organización. El número de iglesias independientes está aumentando rápidamente a medida que el cristianismo se extiende por el África subsahariana, Asia y América Latina.

Hoy en día, muchas denominaciones se dividen en campos liberales y conservadores, lo que eventualmente puede dar lugar a más denominaciones. Sin embargo, las personas que se aferran a las denominaciones creen que la suya es la representación del cristianismo que es más fiel a las Escrituras, o al menos, la mejor entre iguales. Con la creencia de eso, las denominaciones tienen sus misioneros y han difundido su marca de cristianismo por todo el mundo.

Es necesario decir una última palabra sobre una respuesta al denominacionalismo que ve a los cristianos y a las iglesias de diferentes denominaciones trabajando juntos. El siglo XX vio el surgimiento de un número creciente de ministerios especializados no denominacionales, u organizaciones para-eclesiásticas, como juntas de misiones extranjeras, campamentos y conferencias, organizaciones juveniles, emisoras y editoras de medios de comunicación, universidades y seminarios, y organizaciones de socorro. Estas organizaciones para-eclesiásticas tienen las doctrinas y prácticas que tienen en común con la mayoría de los grupos denominacionales y reciben su apoyo financiero y personal de individuos o iglesias, la mayoría de los cuales están conectados con una denominación. No reemplazan la función de pastor ni la vida congregacional necesaria para todos los cristianos, pero al trabajar juntos son capaces de lograr más en un área especializada, y en una escala mayor, de lo que podrían hacer las iglesias o denominaciones que trabajan solas.

† † †

Preguntas de repaso

1. ¿Cuál es la diferencia entre la iglesia invisible y la iglesia visible?

2. ¿Qué dos cuestiones resultaron ser fundamentales para el cisma doctrinal de la Iglesia Católica en Occidente y la Iglesia Ortodoxa en Oriente?

3. ¿Qué acontecimientos provocaron la Reforma?

Capítulo 6

HISTORIA DE LOS EDIFICIOS ECLESIÁSTICOS

En este capítulo examinaremos los lugares de reunión que los cristianos han utilizado a lo largo de los siglos, culminando en la multiplicidad de estructuras utilizadas en todo el mundo hoy en día. El escritor de Hebreos instruye a los lectores diciendo: "No dejando de congregarnos, como algunos tienen por costumbre" (Hebreos 10:25). Cuando el número de cristianos es poco, los lugares que pueden acomodar su reunión son muchos. Sin embargo, cuando el número de cristianos es numeroso, los lugares donde pueden reunirse son pocos, especialmente cuando el conocimiento de la reunión por parte de las autoridades religiosas o civiles traerá persecución. Por esta razón, los cristianos no comenzaron a construir sus propias iglesias hasta que el emperador romano Constantino puso fin a la persecución de los cristianos en los años 300.

Los primeros cristianos eran judíos que residían en la ciudad de Jerusalén. Durante los tiempos del Nuevo Testamento continuaron yendo al templo a orar (Hechos 3:1), pero no a ofrecer sacrificios. Los cristianos se reunían diariamente en los atrios del templo y compartían en sus hogares, gozando del favor de todo el pueblo (Hechos 2:42–46). Pronto los cristianos cayeron en desgracia con los gobernantes judíos y se les prohibió la entrada al templo.

Cuando los cristianos fueron objeto de persecución durante los dos primeros siglos, se reunieron donde estarían más seguros. Durante los tiempos de descanso de la persecución, se reunían en sus propias casas, usando una sala de estar que podía acomodar a un pequeño grupo de creyentes. Con el tiempo, algunas de las casas pasaron de ser casas para habitar, a casas completamente dedicadas para adorar. Al eliminar las paredes interiores, se creó un espacio lo suficientemente grande como para reunir a toda la comunidad de creyentes.

En tiempos de severa persecución, los cristianos se refugiaban en las catacumbas, celebrando allí sus reuniones. Las catacumbas son sistemas de pasajes subterráneos, o habitaciones, que alguna vez se usaron como lugares de entierro. Alrededor de Roma, las catacumbas formaban una red de pasillos y habitaciones que medían alrededor de 600 acres (240 hectáreas). Los cristianos normalmente usaban las catacumbas para servicios funerarios y conmemorativos. Se cavaron tumbas en las paredes. En tiempos de persecución eran un buen lugar para reunirse porque, según la ley romana, los lugares de entierro eran sagrados. Las catacumbas dejaron de utilizarse después de que el cristianismo se convirtiera en la religión establecida del Imperio Romano.

El establecimiento del cristianismo como la religión oficial del Imperio Romano aumentó rápidamente el número de personas que querían reunirse para adorar, instruirse y tener compañerismo. Las congregaciones superaron a las iglesias en casas y comenzaron a construir edificios eclesiásticos. A lo largo de los siglos siguientes, el diseño de los edificios eclesiásticos ha reflejado el entorno espiritual y los estilos arquitectónicos de la época en la que se construyeron.

Los primeros edificios eclesiásticos aparecieron en los años 300 y tenían el diseño de una basílica romana. La basílica fue originalmente una gran sala construida por el gobierno romano con fines administrativos y judiciales. El diseño fue adoptado para la construcción de iglesias, y el diseño general de la basílica se utilizó en el diseño de las catedrales medievales y modernas, en su mayoría.

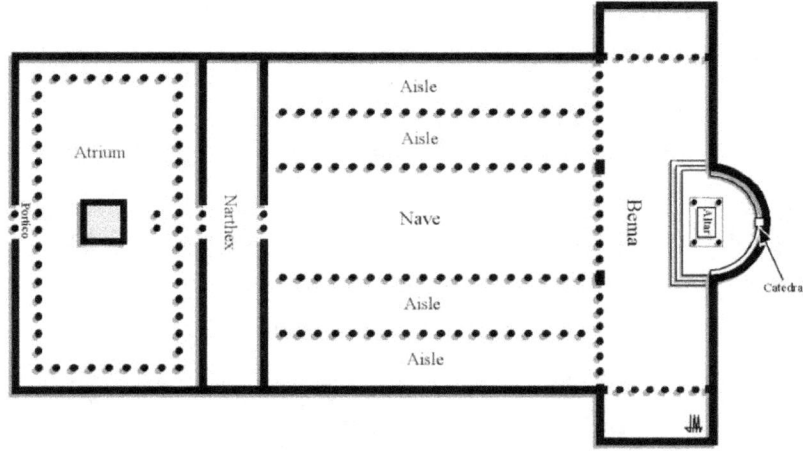

La basílica era una sala rectangular, con las paredes estrechas en la parte delantera y trasera. Un gran espacio semicircular sobresalía de la pared frontal. Las puertas de entrada solían estar en la parte trasera. El centro de la sala, donde se sentaban los fieles, se llamaba la nave. A cada lado de la nave, había pasillos, con una fila de columnas llamada columnata que separaba la nave de los pasillos. El espacio semicircular se llamaba ábside. Por lo general, tenía un techo abovedado y una silla para el obispo. El altar se encontraba al principio del ábside. El techo sobre la nave era más alto que el techo sobre los pasillos, y las ventanas a lo largo de la parte superior del techo de la nave eran la única fuente de luz natural en la basílica. Esto realzó el efecto de las velas, representando a Dios como luz y a Jesús como la luz del mundo.

Otra forma de construcción utilizada por los cristianos a partir de los años 300, fue el monasterio. Estos fueron construidos por y para los monjes y monjas que se sintieron llamados a vivir la vida monástica de separación del mundo. El monasterio era un conjunto de edificios cerrados por una muralla sólida con una puerta al frente. El monasterio consistía en uno o más edificios que albergaban una capilla, comedor y cocina, biblioteca, área de trabajo y dormitorios. Estar separado de la sociedad, tanto por la distancia como por la pared, propiciaba una atmósfera para el desarrollo del yo interior. Quienes no eran miembros de la orden pero querían conseguir su propio desarrollo interior eran admitidos de vez en cuando para estancias cortas. A medida que aumentaba la población, los monasterios albergaban escuelas para educar a los niños de las ciudades circundantes, lo que hacía que los monasterios fueran una parte más vibrante de la vida comunitaria.

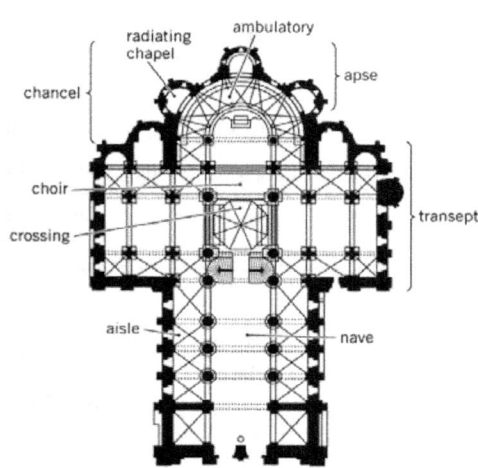

A partir del siglo IX y durante todo el siglo XVI, los edificios eclesiásticos comenzaron a reflejar el aumento del prestigio y el poder de los papas, y por lo tanto, de la iglesia en Europa. Esta fue la época de la catedral gótica que se hizo tan popular. En los cien años transcurridos entre 1170

y 1270, más de 500 iglesias fueron construidas solo en Francia utilizando el estilo gótico.

La mayoría de las catedrales están construidas en forma de cruz. La entrada principal se encuentra en la parte inferior de la cruz con un largo pasillo central a través de la nave. Los dos brazos de la cruz se llaman transeptos. Los fieles se sientan en las naves y transeptos. La parte superior de la cruz desembocaba en una zona semicircular llamada ábside. Al igual que en la basílica, la silla del obispo y el altar se encuentran en la zona del ábside. Técnicamente, una catedral es una iglesia que contiene una *cátedra* del obispo (en griego significa silla o asiento). Dado que los obispos generalmente tenían deberes administrativos en su diócesis y a menudo se usaba para los asuntos del rey, la catedral también tenía habitaciones que no eran para el culto. Pero la majestuosidad de la catedral estaba en su diseño exterior y en su lugar de culto interior.

A medida que el cristianismo aumentaba en prestigio, también lo hacían los edificios de las iglesias. Los constructores góticos trataron de alcanzar la mayor altura posible en sus estructuras uniendo agujas y campanarios a las catedrales, todos apuntando arriba hacia Dios. El uso de arbotantes (soportes arqueados que se extendían desde las columnas exteriores hasta la pared) eliminó la necesidad de los muros masivos de las iglesias anteriores y permitió la instalación de muchas ventanas. Las ventanas era de vidrio teñido que representaban escenas de la Biblia. Estas escenas constituían una Biblia visual para los muchos adoradores que no sabían leer. Las catedrales medievales eran edificios masivos con agujas que se extendían hacia el cielo, dominando el horizonte de sus pueblos y ciudades. Debido a que generalmente se ubicaban en el centro de la ciudad, servían como centro de la vida pública. El diseño básico de la catedral se utilizó para las iglesias, tanto católicas como protestantes, construidas en toda Europa hasta el siglo XIX.

En el siglo XX, los diseños de iglesias adquirieron diseños más prácticos y rentables, particularmente en Occidente. Las numerosas agujas fueron reemplazadas por un campanario. Las estructuras solían ser de ladrillo o bloques de hormigón, lo que daba cierta permanencia y longevidad. Todavía tenían un gran santuario como la nave anterior, un pasillo en el medio y vidrieras de colores. El edificio también albergaba habitaciones para la Escuela Dominical, y por lo general, un salón de convivencia con instalaciones de cocina. Desde finales del siglo XX en adelante, los nuevos edificios de la iglesia han adquirido un aspecto más comercial, construidos con metal prefabricado, con un gran espacio vacío y un ala de salas de reuniones. Estos se denominan edificios de usos múltiples, ya que el gran espacio vacío tiene sillas móviles que se pueden instalar para un servicio de adoración, una conferencia, un concierto o quitarse para juegos en interiores.

A medida que el cristianismo ha crecido en América Latina, África y Asia, los tipos de edificios eclesiásticos utilizados en estas regiones reflejan los estilos locales. Los estilos suelen estar dictados por el tipo de materiales de construcción disponibles y los recursos financieros de la congregación. Hoy en día, los edificios eclesiásticos que se utilizan en todo el mundo siguen abarcando todos los estilos históricos, desde la iglesia en casa hasta la enorme catedral.

† † †

Preguntas de repaso

1. ¿Dónde celebraban sus reuniones los primeros cristianos?

2. ¿Qué motivó la necesidad de tener sus propios edificios más grandes?

Sección III

ORTODOXIA

Capítulo 7

DOCTRINA, CONCILIOS Y EL CANON

Fuentes de doctrina

En este tomo sobre la historia de la Iglesia, nuestra definición de la doctrina será breve y simple, ya que la principal preocupación aquí es cómo la iglesia ha determinado su doctrina lo largo de la historia. Una definición y discusión más completa de la doctrina cristiana se encuentran en el Tomo II. Para los efectos del presente tomo, la doctrina se definirá como un conjunto de enseñanzas sobre las creencias y prácticas de un grupo religioso. La doctrina cristiana es, por lo tanto, las enseñanzas y creencias del cristianismo. La pregunta con la que la iglesia ha lidiado históricamente es qué fuentes de doctrina deben ser autoritativas para todo el cristianismo.

A lo largo de su historia, la iglesia ha extraído ideas, teorías y conocimiento acerca de Dios, el hombre, Cristo, el mundo y la iglesia de básicamente cuatro fuentes. La primera es a partir de la observación del universo creado, incluyendo a la humanidad, lo que da lugar a un enfoque empírico (desde la observación y la experiencia natural) de la doctrina. La segunda fuente de la doctrina cristiana ha sido la tradición. Lo que ha sido creído y enseñado por los cristianos en el pasado, al ser escrito y transmitido, se convierte en normativo para lo que debe ser creído y enseñado hoy día. Otra fuente a la que algunos recurren para su doctrina cristiana es la experiencia religiosa actual, considerándola como una fuente de instrucción divina autoritativa. La última fuente de la doctrina cristiana ciertamente no es menos importante, las Escrituras, que consisten tanto en el Antiguo como en el Nuevo Testamento de la Biblia cristiana. Siendo estos la palabra escrita inspirada por Dios, se consideran los documentos definitorios de la fe cristiana, que contienen lo que se debe creer y practicar. Antes de la colección de escritos que componen el Nuevo Testamento, los líderes cristianos escribieron sobre sus observaciones del universo, las experiencias religiosas y las tradiciones que les habían sido transmitidas, interpretándolas desde su comprensión del cristianismo y formulando sus propias doctrinas a partir de ellas. Estos escritos de los Padres Apostólicos forman parte de la historia de la doctrina de la Iglesia y se han utilizado a lo largo de los siglos para interpretar las Escrituras (véase el capítulo 4).

La fuente inicial de la doctrina cristiana fueron las enseñanzas de Jesucristo a sus discípulos. Él estaba instruyendo a sus discípulos hasta el momento de su ascensión al cielo. Esas enseñanzas verbales de Cristo fueron todo lo que la iglesia tuvo durante los primeros veinticinco años más o menos, hasta que se escribieron algunos de los Evangelios. Tales son nuestros primeros registros escritos de las enseñanzas de Jesús y de los acontecimientos de Su vida.

Después de que Jesús ascendió al cielo, sus enseñanzas permanecieron en las mentes de sus discípulos, quienes se convirtieron en los apóstoles ("los que son enviados" como en Juan 20:21) de la iglesia. Los apóstoles predicaron el mensaje de salvación en Cristo, ganaron muchos conversos y fundaron muchas iglesias basadas en las doctrinas que aprendieron de Jesucristo. Escribieron cartas a las iglesias que habían comenzado, y algunas de esas cartas fueron reconocidas como autoridad para la doctrina. Los apóstoles habían sido instruidos por Jesús y autorizados por él para transmitir Sus instrucciones a otros, verbalmente y por escrito. De todos los apóstoles, Pablo fue el escritor más prolífico de cartas a las iglesias, y sus cartas suponían tal autoridad que llegaron a constituir la mayor parte del Nuevo Testamento.

Los Padres Apostólicos vivieron antes de que murieran los últimos apóstoles, y algunos fueron enseñados por apóstoles. Sin embargo, sus escritos carecían de las cualidades de profundidad y claridad tan evidentes en los escritos de los apóstoles en el Nuevo Testamento. Esto se explica fácilmente por el hecho de que los escritos de los Padres marcan una transición de las verdades infalibles inspiradas por el Espíritu Santo escritas por los escritores del Nuevo Testamento a los escritos falibles de sus sucesores. Los libros del Nuevo Testamento no habían sido oficializados, lo que explica por qué a menudo citaban tradiciones orales en lugar de la palabra escrita. Los siguientes dos siglos produjeron la necesidad de tipos específicos de escritos para enfrentar los desafíos y la oposición que enfrentaba esta nueva fe. Estos nuevos Padres eran más cultos y capaces de expresar las verdades cristianas en el lenguaje de filósofos y reyes, así como en el de gente común. Expusieron las doctrinas de Dios, el hombre, la redención, la cristología, la iglesia y el futuro, principalmente para refutar las herejías que estaban llegando al cristianismo. El capítulo 8 tratará más de estas herejías.

A medida que más y más de estos escritos aparecieron en escena y se transmitieron de iglesia en iglesia de Oriente a Occidente del Imperio Romano, se hizo evidente que los escritos no estaban de acuerdo en todos los puntos de doctrina. La iglesia católica o universal es de una sola fe e idealmente debería tener las mismas creencias doctrinales en todas partes del mundo. El problema era identificar y definir cuáles debían ser las doctrinas ortodoxas (estándar establecido de lo que es correcto) de la iglesia. La solución acordada fue la celebración de reuniones de líderes cristianos reconocidos en forma de concilios eclesiásticos.

Concilios eclesiásticos

Un concilio eclesiástico es una conferencia convocada por los líderes de la iglesia con el propósito de orientar a la iglesia en asuntos de fe y práctica. El primer concilio de la iglesia está registrado en Hechos 15 y se realizó en Jerusalén, al cual asistieron todos los apóstoles y ancianos de la iglesia madre allí ubicada. La cuestión a tratar no era tanto de fe sino de práctica. Algunos de los judíos creyentes en Cristo querían que los gentiles conversos al cristianismo, fueran circuncidados y se les exigiera obedecer la Ley de Moisés. Los apóstoles y ancianos se reunieron para considerar la pregunta. Los apóstoles recurrieron a la experiencia religiosa en busca de la respuesta. Dios había mostrado su aceptación de los creyentes gentiles al darles el Espíritu Santo sin ser circuncidados y sin guardar la Ley de Moisés. La conclusión fue que la iglesia no debía exigir más de los creyentes que Dios.

El concilio estableció algunos requisitos para que los gentiles se abstuvieran de algunas prácticas gentiles que eran particularmente repulsivas para los judíos. Esto fue con el propósito de mantener la paz en la comunión de los creyentes, no para definir quién podía ser un creyente. La decisión de este concilio se convirtió en normativa para todas las iglesias. Todos los concilios eclesiásticos sucesivos se basaron en este modelo, pero sólo este primero tuvo liderazgo apostólico. Las decisiones de otros concilios podían, y a menudo lo eran, ser cambiadas por concilios posteriores.

Un concilio eclesiástico puede ser ecuménico o local y puede durar varios años. Los concilios ecuménicos invitan a representantes de todas las áreas geográficas de la cristiandad y toman decisiones que se espera que sean acatadas por toda la iglesia. Los consejos locales pueden ser regionales o locales, e invitar a representantes de las áreas apropiadas para discutir y decidir cuestiones que no se espera que sean vinculantes fuera de su jurisdicción.

A lo largo de los siglos de historia de la iglesia, los concilios han sido convocados por emperadores, obispos y papas. La iglesia en Oriente mantuvo vínculos estrechos con el emperador después de Constantino, y los primeros siete concilios eclesiásticos fueron convocados por los emperadores, y tuvieron lugar en Oriente. Estos concilios fueron: el Primer Concilio de Nicea en 325, el Primer Concilio de Constantinopla en 381, el Concilio de Éfeso en 431, el Concilio de Calcedonia en 451, el Segundo Concilio de Constantinopla en 553, el Tercer Concilio de Constantinopla de 680–681 y, finalmente, el Segundo Concilio de Nicea en 787. Los siete concilios fueron convocados en la actual Turquía. A partir de entonces, el obispo de Roma, más tarde llamado Papa, era quien solía llamar a los concilios. Hubo un tiempo en la historia de la Iglesia Católica Romana en el que hubo un papa en Roma y otro en Francia (1378–1417 d.C.). Durante ese periodo, una pluralidad de obispos convocó concilios que podían seleccionar y expulsar a los papas (llamado movimiento Conciliar). Para los años 1500, el papa de Roma había abolido el poder de los obispos para convocar concilios, tomando ese poder como exclusivo de sí. También afirmó tener la autoridad para declarar o rechazar un concilio como ecuménico. Esa autoridad fue afirmada por la Iglesia Católica en el Concilio Vaticano II (1962–1965).

En los siglos IV y V se convocaron grandes concilios para combatir las herejías. Después de la división de la iglesia entre Oriente y Occidente, la Iglesia Ortodoxa Oriental y las Católico-romanas convocaron sus propios concilios autoritativos. Sin embargo, ambas ramas de la iglesia consideraban que esos primeros siete concilios fueron ecuménicos. Después de la Reforma Protestante, la mayoría de los movimientos protestantes aceptaron como válidas muchas de las decisiones de estos concilios de lucha contra la herejía. Estos se discutirán con más detalle en el Capítulo 8.

En Occidente, la Iglesia Católica Romana convocaba concilios en cada generación más o menos, a medida que papa tras papa ejercía su autoridad para hacerlo. Tres de ellos han tenido un gran impacto en las doctrinas sostenidas por esa iglesia. El primero fue el Concilio de Trento, celebrado entre 1545 y 1563, y fue probablemente el más importante en la historia de la Iglesia Católica. Fue el punto álgido de la Contrarreforma católica. La Iglesia Católica tuvo una ventana de oportunidad para considerar las cuestiones planteadas por los reformadores y llegar a algún compromiso con ellos. En cambio, en el Concilio de Trento, la Iglesia Católica rechazó la posición del reformador en todos los asuntos. Los reformadores veían la justificación ante Dios como obra exclusiva de la fe, el concilio requería fe más buenas obras. Los reformadores creían que la salvación era solo por gracia, el concilio requería la cooperación humana con Dios. Los reformadores enfatizaron solo las Escrituras como la autoridad para la fe y la práctica, el concilio estableció a los papas y obispos como los intérpretes oficiales de las Escrituras, cuyas enseñanzas sumadas a la tradición de la iglesia se volvieron autoritativas. Después de Trento, la Iglesia Católica no fue diferente a la anterior con respecto a su doctrina, pero sí había oficializado sus diferencias con la doctrina reformada, cerrando así la ventana de oportunidad para evitar su segundo gran cisma.

Los otros grandes concilios de la Iglesia Católica en la historia reciente se llaman Concilios Vaticano I y II, o Vaticano I y Vaticano II. El Concilio Vaticano I tuvo lugar entre 1869 y 1870, y su mayor impacto fue la aprobación de la infalibilidad del Papa. Sin embargo, se limitó a las ocasiones en que el Papa habla *Ex-Cathedra* (desde la cátedra), el ministerio oficial "de pastor y maestro de todos los cristianos, según su suprema autoridad apostólica". Esta doctrina sigue preocupando a muchos católicos y sigue obstaculizando cualquier diálogo entre católicos y protestantes.

El Vaticano II se reunió en los años 1962–1965. Fue el primer concilio de la Iglesia Católica que no fue convocado para combatir la herejía ni para pronunciar o confirmar la doctrina. El papa, Juan XXIII, quería un concilio pastoral, en lugar de un concilio doctrinal de línea dura, que reflejara una imagen de la iglesia más orientada a las personas. Quería poner a la iglesia al día en medio de la agitación de la década de 1960. Las principales acciones del concilio incluyeron proclamar a la Virgen María como la Madre de la Iglesia, dando así a la iglesia una imagen amable y cariñosa a la que mirar. También reemplazó el latín como el idioma oficial de la misa por los idiomas locales por todo el mundo, y pronunció un cambio en el énfasis que la iglesia le otorga a los problemas sociales y políticos. Esto encajaba perfectamente con las revoluciones que estaban teniendo lugar en ese momento en los países predominantemente católicos del hemisferio sur. El énfasis de la Iglesia Católica en las preocupaciones sociales ha abierto las puertas del diálogo entre ella y la Iglesia Ortodoxa, así como con las históricas Iglesias protestantes de mentalidad más ecuménica.

La Iglesia Ortodoxa Oriental también está gobernada por consejos. Como se mencionó anteriormente, los primeros siete concilios eclesiásticos tuvieron lugar en Oriente. La Iglesia Ortodoxa se identifica a sí misma como la Iglesia de los Siete Concilios, y al igual que la Iglesia Católica, cree que es la única que preserva la antigua fe de los padres de la Iglesia. Los decretos de los primeros concilios se consideran divinamente inspirados y, por lo tanto, infalibles, y todos los refinamientos posteriores de la doctrina no se consideran como los primeros. A lo largo de los siglos, las concepciones de la fe han sido refinadas o reformuladas por los líderes ortodoxos y establecidas en escritos. Cada vez que estos puntos de vista han sido ampliamente aceptados entre las iglesias ortodoxas, reciben el estatus de "Libros Simbólicos", pero no son sancionados por un concilio ecuménico.

La mayoría de las denominaciones protestantes tienen una organización jerarquizada, con un consejo de gobierno, una asamblea que se reúne periódicamente a nivel nacional o internacional. Se reúnen en períodos variables desde una vez al año hasta una cada diez años. El propósito de las reuniones suele ser más para animar a los asistentes que para determinar la doctrina. Las doctrinas denominacionales se establecen desde su formación, sirviendo como base para la división de otras denominaciones. Cuando las sociedades y las culturas hacen cambios importantes en la filosofía y la moralidad, los concilios denominacionales pueden discutir los problemas contemporáneos y pronunciar una postura denominacional sobre ellos. En las denominaciones que se adhieren a la forma congregacional de gobierno eclesiástico, la iglesia local es libre de tomar su propia postura sobre cuestiones contemporáneas no doctrinales.

El Canon

En el cristianismo, el término "canon" se refiere a un grupo de libros reconocidos y aprobados por la iglesia primitiva para su uso como regla de fe y práctica. El término proviene de la palabra griega *kanon,* que se refiera a una regla de carpintero o una vara de medir. Era un estándar para juzgar si algo era correcto o no. La idea y el término se usaron bastante temprano en la historia de la iglesia para designar los libros que llegaron a usarse como la regla estándar de las iglesias. El canon de los libros también se conoce como *Biblia,* término griego que significa "Los Libros". Los judíos usaban el término "Escrituras" para sus escritos sagrados. Los cristianos adoptaron su uso y, con el tiempo, lo aplicaron al libro que contenía los cánones judío y cristiano que se incluyen en la Biblia, y se dividen entre el Antiguo (judío) y el Nuevo Testamento (cristiano).

Las Escrituras judías del Antiguo Testamento consisten en los escritos de Moisés (1450 años antes de Cristo) que constituyen los primeros cinco libros de la Biblia. Por esa razón, sus escritos se llaman el Pentateuco (que en griego significa "cinco libros"). Contiene la Ley de Dios que le fue dada después de que los israelitas salieron de Egipto, por lo que también se le conoce como la Torá (que en hebreo significa "ley"). La autoridad divina fue obvia en el contexto de los escritos de Moisés, y confirmada por milagros. Moisés predijo que Dios levantaría una línea de profetas como él. En esa línea, el Antiguo Testamento presenta una serie de revelaciones escritas de las palabras de Dios a Israel y otras naciones, que duraron mil años, hasta alrededor del año 400 a.C. Así, cuatro siglos antes de Cristo, los judíos tenían el mismo texto del Antiguo Testamento que tenemos hoy.

La iglesia primitiva no pensó en añadir nada a las Escrituras del Antiguo Testamento, ni en producir un Nuevo Testamento. Su Biblia era el Antiguo Testamento, complementada por relatos orales de testigos oculares sobre lo que Jesús dijo e hizo. El asesinato de los apóstoles Pedro y Pablo a mediados de los años 60 suscitó la inquietud de preservar por escrito lo que los apóstoles enseñaban. En pocos años, se habían escrito los Evangelios de Mateo, Marcos y Lucas, además de los Hechos. Para el año 100 d.C., todos los escritos contenidos en el Nuevo Testamento habían sido completados. Estos escritos eran en forma de cartas a iglesias o individuos que luego se pasaban y copiaban para cada congregación.

Por supuesto, circulaban muchos más escritos de los que entraron en el canon bíblico del Nuevo Testamento que consta de veintisiete libros. Estos veintisiete se diferenciaron de los demás por varias razones. La iglesia miraba a las palabras y escritos de los apóstoles y a los asociados cercanos de los apóstoles, como el canal auténtico de los pensamientos y enseñanzas de Jesucristo. Como cuestión de práctica, las cartas de los Apóstoles se leían en las iglesias, junto con las lecturas del Antiguo Testamento. Algunos de los escritos de los Apóstoles tenían un poder especial para hablar a los corazones y a la vida de los hombres. Tenían una cualidad de autentificación auto-otorgada de que habían sido inspirados por Dios. Esta cualidad, más la validez de la asociación apostólica, y su uso ya común en las iglesias, constituyó la vara de medir para la aceptación en el canon de las Escrituras del Nuevo Testamento. La primera lista completa de los veintisiete libros del Nuevo Testamento apareció en una carta escrita por Atanasio, obispo de Alejandría, en el año 367. Los concilios de Hipona en el norte de África (393) y Cartago (397) publicaron la misma lista. Nótese que estos concilios no votaron ni declararon que estos libros fueran Escrituras. Simplemente reconocieron lo que ya había sido determinado en las iglesias bajo la guía del Espíritu Santo.

Los treinta y nueve libros del Antiguo Testamento judío y los veintisiete libros del Nuevo Testamento cristiano están incluidos en nuestra Biblia. Los manuscritos originales de los libros del Antiguo Testamento hebreo y del Nuevo Testamento griego no estaban divididos en capítulos ni versículos como lo están nuestras Biblias hoy en día. De acuerdo con el Manual Bíblico de Halley, los capítulos fueron añadidos por el cardenal Caro en 1236, y los versículos fueron añadidos por Robert Stevens en 1551.

Los apócrifos

Para completar la historia de los escritos judíos y cristianos, es necesario decir unas palabras sobre los apócrifos. Los apócrifos son un grupo de doce a quince libros que fueron escritos entre el 300 a.C. y el 100 d.C. El término proviene del griego *ta apokry pha* (las cosas ocultas), pero no parece ser un buen término descriptivo, ya que los libros no están ocultos de ninguna manera, aunque la interpretación de algunos pueda ser confusa. Los libros que componen los apócrifos fueron escritos utilizando muchos estilos y categorías literarias, incluyendo historia, filosofía, poesía, narraciones de la teología y el fin de los tiempos. Los autores de muchos de tales libros no pueden ser identificados. La Iglesia Ortodoxa Oriental nunca aceptó libros apócrifos como canon, mientras que la Iglesia Católica Romana sí lo hizo, incluyéndolos en su Biblia. Las iglesias protestantes en su mayoría los rechazan sin darles valor alguno, ya que ninguno de los libros del Nuevo Testamento los cita, ni siquiera los menciona. Sin embargo, algunos protestantes los incluyen en sus Biblias como una sección separada de los sesenta y seis libros considerados de inspiración divina. Los apócrifos nunca han sido considerados una fuente válida para la doctrina cristiana.

† † †

Preguntas de repaso

1. Defina el término doctrina.

2. ¿Cuáles han sido las fuentes históricas de la doctrina cristiana?

3. ¿Por qué se celebraron los concilios de la Iglesia?

4. En el cristianismo, ¿qué significa la palabra Canon y qué incluye?

Capítulo 8

HEREJÍAS Y CREDOS

El término herejía proviene de la palabra griega *hairesis* significa una elección y se refiere a una opinión elegida. El término tiene connotaciones negativas en el cristianismo, ya que se utiliza para describir una opinión elegida que no está de acuerdo con la doctrina ortodoxa y se considera errónea. Desde el siglo I en adelante, varios hombres y grupos sostuvieron y propagaron opiniones como enseñanzas doctrinales contrarias a la ortodoxia aceptada, y fueron consideradas heréticas. Cuando los maestros herejes ganaron suficiente influencia o causaron suficiente división en la iglesia, se convocaron concilios para tratar con los herejes y reforzar la doctrina ortodoxa.

Desde el principio, los cristianos eran personas que creían ciertas cosas acerca de Jesucristo y Su misión en la tierra. Los siglos IV al VI estuvieron marcados por largas y a veces amargas controversias sobre la naturaleza de Cristo, principalmente en la Iglesia Oriental. Durante los primeros cuatrocientos cincuenta años de la historia de la iglesia, surgieron tres credos principales, y se reunieron cuatro concilios principales de la iglesia para sancionar la doctrina ortodoxa y refutar la herejía. Nos ocuparemos primero de los concilios con el fin de sentar las bases para los debates doctrinales que dieron lugar a los credos.

El Concilio de Nicea (325 d.C.)

El primer concilio ecuménico en la historia de la iglesia fue convocado, no por el clero, sino por el emperador Constantino en Nicea (Turquía). Una controversia teológica particular estaba dividiendo a la iglesia en su imperio, y Constantino creía que mantener unida a la iglesia era la mejor manera de mantener unido al Imperio Romano. Llamó a los obispos para que fueran a Nicea con gastos pagados, les dio un discurso de apertura y luego les dijo que resolvieran sus diferencias.

La cuestión que dio origen al concilio se refería a la relación del Hijo con el Padre. A principios de los años 300, Arrio, un presbítero en Alejandría, Egipto, comenzó a enseñar una doctrina que negaba la plena deidad de Cristo. Enseñó que en el principio, el Padre creó (engendró) al Hijo y que el Hijo, bajo la dirección del Padre, creó el mundo (sorprendentemente como los gnósticos que creían que un Dios bueno no podía crear un mundo material ya que la materia era mala, por lo que requería el uso de un intermediario). Esta enseñanza sostenía que el Hijo de Dios no era eterno, y por lo tanto no era Dios por naturaleza, sino por creación. Su dignidad como Hijo de Dios le fue otorgada por Dios Padre y sería inherente a una naturaleza divina. Arrio sostenía que sólo Dios el Padre era completamente divino, y que la adoración pertenece únicamente al Padre.

Sorprendentemente, las enseñanzas de Arrio encontraron muchos partidarios, incluyendo algunos obispos prominentes. Arrio fue excomulgado de la iglesia por un concilio local de obispos egipcios, pero fue a Asia Menor (Turquía), donde defendió su posición ante varios obispos y obtuvo apoyo. Esto llevó a Constantino a convocar el concilio en Nicea. Atanasio, obispo de Alejandría, fue el principal defensor de la ortodoxia en Nicea, por lo que sufrió persecución dentro de la iglesia durante la mayor parte de su vida a partir de entonces. En el concilio, la mayoría de los pastores apoyaron a Atanasio y reconocieron la necesidad de algo específico a lo que aferrarse que excluyera la posibilidad de la herejía arriana en las iglesias ortodoxas. Con este propósito produjeron un credo que describía al Hijo como "Dios verdadero de Dios verdadero, engendrado, no creado, cosubstancial con el Padre". Se llama el Credo de Nicea y sigue siendo el estándar de la ortodoxia en la Iglesia Católica Romana, la Iglesia Ortodoxa Oriental, la Iglesia Anglicana y algunas otras iglesias.

En cierto sentido, la controversia arriana tenía sus raíces en siglos anteriores e involucraba la concepción más amplia de Dios como una deidad de tres en uno o Trinidad. Los primeros Padres de la Iglesia no tenían una concepción clara de la Trinidad. El Espíritu Santo, especialmente, no tenía un lugar importante en sus escritos. Pensaban que su propósito estaba principalmente relacionado con la obra de la redención, aplicándola a los corazones y a la vida de los redimidos. Algunos veían que el Espíritu Santo estaba subordinado al Padre y al Hijo. Tertuliano (c.160–c.220) fue el primero en usar el término "Trinidad", afirmando la tripersonalidad de Dios y manteniendo la unidad sustancial de las tres Personas. Sin embargo, ni él ni nadie durante los primeros años hizo una declaración clara de la doctrina de la Trinidad. Pero dado que Jesucristo fue el que vino en carne y fue visible por un tiempo, se convirtió en el centro de las ideas teológicas y de la controversia que resultó en estos primeros concilios.

El Concilio de Constantinopla (381 d.C.)

Entre los años 350 y 450 surgieron herejías que obligaron a la iglesia a formular entendimientos más claros de la naturaleza de Jesucristo y la Trinidad. Desde el Concilio de Nicea, la herejía arriana había sobrevivido en varias formas, principalmente los semi-arrianos, que tomaron una posición intermedia entre Arias y la ortodoxia acordada en Nicea. Enseñaban que el Hijo era como el Padre, pero no necesariamente eran el mismo en esencia.

Durante este período, la atención se centró en el Espíritu Santo y su relación con el Padre y el Hijo. Un grupo llamado los pneumatómacos (combatientes del Espíritu) enseñaba un estatus no divino y no creatural para el Espíritu Santo, en oposición a la completa deidad del Espíritu. Pero el enfoque principal del Concilio de Constantinopla fue el apolinarismo. Los arrianos habían negado la naturaleza divina de Cristo; Apolinar, obispo de Laodicea, negó la auténtica humanidad propia de Cristo. Vio al hombre compuesto de cuerpo, alma y espíritu, y en la Encarnación, el Logos divino (Verbo) tomó el lugar del espíritu humano en Jesucristo. *Logos* es la palabra griega para "palabra" o "razonamiento" y se usa en el Evangelio de Juan para referirse al Verbo pre-encarnado que se hizo carne. Apolinar sostenía que la naturaleza humana de Jesucristo estaba perdida en su naturaleza divina, por lo que no era completamente humano.

La decisión del Concilio de Constantinopla afirmó la plena deidad del Espíritu Santo, exponiendo el Credo de Nicea añadiendo palabras y frases bíblicas como "Señor", "Dador de vida" y "el que con el Padre y el Hijo es adorado y glorificado juntamente", todo refiriéndose al Espíritu Santo. El concilio rechazó todas las formas de arrianismo, expulsándolo así del Imperio Romano. Todavía sobrevive en algunas formas desviadas en sectas heréticas, pero no con el mismo nombre. Los puntos de vista de Apolinar fueron rechazados rotundamente, y la ortodoxia del concilio de Nicea fue preservada y fortalecida. Este concilio no produjo un nuevo credo, sino que afirmó un Credo de Nicea ligeramente ampliado.

Concilio de Éfeso (431 d.C.)

En el concilio de Éfeso se discutieron las enseñanzas de Nestorio, el patriarca de Constantinopla desde el año 428 hasta el final de este concilio. Nestorio negó que el término *Theotokos* (madre de Dios) podría aplicarse a la Virgen María porque ella solo dio a luz a un hombre que estaba acompañado por la naturaleza divina del Logos. Aceptó la humanidad de Jesús y la naturaleza divina de Jesús, pero no la concibió de tal manera que formara una unidad real que constituyera una sola Persona. Para Nestorio, las dos naturalezas son también dos Personas. Jesucristo no era Dios, sino *Teóforos* (Portador de Dios). Él es adorado, no porque Él sea Dios, sino porque Dios está en Él.

El Concilio de Éfeso declaró hereje a Nestorio y lo depuso de su trono en Constantinopla. El concilio sostuvo que las naturalezas de Cristo eran distinguibles, pero unidas en una sola persona. Después de ser depuesto, Nestorio y sus partidarios formaron una iglesia separada con sede en Persia.

El Concilio de Calcedonia (451 d.C.)

Al igual que en los concilios ecuménicos anteriores, éste abordó las enseñanzas heréticas sobre la naturaleza de Cristo. Un monje, llamado

Eutiques, había determinado que los atributos humanos eran absorbidos por lo divino en Cristo, de modo que Su cuerpo no era consustancial (compartiendo naturaleza idéntica) con el nuestro, y Él no era humano en el sentido propio de la palabra. Eutiques combinó las dos naturalezas tan íntimamente que la naturaleza humana parecía completamente absorbida por la naturaleza divina. Su afirmación de que sólo hay una naturaleza en Cristo (tal vez un tercer tipo de naturaleza) se llama monofisismo. Negaba el prerrequisito central para el misterio de Cristo, y su misión como Salvador y Redentor al ser el sacrificio perfecto. La doctrina cristiana de la redención estaba en peligro.

El concilio condenó a Eutiques y su doctrina, y en aras de la unidad, creyó necesario definir la fe cristiana en relación con la Persona de Cristo. Reafirmó la tradición de Nicea y proporcionó una definición de fe en la forma de la Definición de Calcedonia o el Credo de Calcedonia. El credo salvaguardaba tanto la naturaleza divina como la humana de Cristo, existiendo en una sola persona en una unión inmutable. Los escritores de este credo sabían que sólo un Cristo que fuera verdadera y plenamente Dios y hombre podría salvar a los hombres. El Credo de Calcedonia sigue siendo el estándar de la ortodoxia cristológica (doctrina de Cristo), sin embargo, su limitación en el alcance impide que se utilice ampliamente en la actualidad.

Así que en Nicea, la iglesia afirmó que Jesús es verdaderamente Dios en oposición a Arias. En Constantinopla, contra Apolinario, la iglesia afirmó que Cristo es plenamente humano. En Éfeso, la iglesia afirmó que Jesús no estaba dividido, sino que era una persona unificada en oposición a Nestorio. Eutiques fue derrotado en Calcedonia por la iglesia, confesando que la deidad y la humanidad de Jesús no se habían transformado en otra cosa. No había una tercera naturaleza en Cristo.

Debido a que estos concilios tuvieron lugar antes de que la división entre Oriente y Occidente se hiciera demasiado profunda, pudieron ser considerados ecuménicos, definiendo la fe cristiana ortodoxa para toda la cristiandad.

Credos

El término credo proviene del latín que significa "yo creo". La forma es activa, habla de la confesión de las cosas creídas, en lugar de un cuerpo de creencias que se convierten en credos cuando se confiesan o se dicen en voz alta. Los credos se escriben, pero no funcionan como credos hasta que se confiesan. Por esa razón, muchas iglesias incluyen la recitación de un credo en la liturgia de sus servicios de adoración. Los credos generalmente enfatizan las creencias que se oponen a la herejía más peligrosa de la época, y en la historia de la iglesia, tres credos han ganado particular prominencia.

Credo de los Apóstoles

El primer credo apareció a principios del siglo II como una forma primitiva de lo que se llama el Credo de los Apóstoles. Enfatizaba la verdadera humanidad de Jesús, incluyendo su cuerpo material, oponiéndose al error de los gnósticos y a otras enseñanzas heréticas. Los gnósticos enseñaban que el hombre, Jesús, no se convirtió en el portador del Cristo hasta que el Espíritu Santo descendió sobre él en Su bautismo y que el Espíritu Santo lo dejó antes de la crucifixión. Los redactores del credo afirmaron que Jesús fue concebido por el Espíritu Santo (refutando la posición gnóstica de que el Espíritu Santo no tenía nada que ver con Jesús hasta Su bautismo), que nació (lo que implica un cuerpo físico real), y que fue crucificado, muerto, enterrado y resucitó corporalmente de la tumba (refutando la creencia gnóstica de que el Cristo no murió y que no hay resurrección del cuerpo porque toda la materia es mala). Por lo tanto, los primeros cristianos pusieron por escrito un bosquejo de las doctrinas esenciales que deben creerse para ser cristiano. La doctrina del Credo de los Apóstoles será expuesta en detalle en el Tomo II.

Durante varios cientos de años se creyó que los doce apóstoles fueron los redactores del credo que lleva su nombre, pero más tarde se descubrió que era una leyenda. Su forma más antigua no apareció por primera vez hasta un siglo después de los Apóstoles y se llama el Credo Romano Antiguo. Su uso fue en primer lugar polémico (utilizado para refutar errores y herejías). También funcionó como una confesión de fe para aquellos que querían ser bautizados, y con el tiempo, a medida que se agregó el Credo Romano Antiguo, se convirtió en una "regla de fe" que daba consistencia a las enseñanzas cristianas en toda la iglesia en general.

La forma actual del Credo de los Apóstoles data de alrededor del año 700 d.C. Todavía se usa hoy en día como un resumen de la fe afirmada en la adoración. Sigue siendo el credo más aceptado entre los cristianos.

El Credo de los Apóstoles

Creo en Dios Padre, Todopoderoso,
   Creador del cielo y de la tierra;
   y en Jesucristo, su único Hijo, Señor nuestro;
   que fue concebido del Espíritu Santo,
   nació de la virgen María,
   padeció bajo el poder de Poncio Pilatos;
   fue crucificado, muerto y sepultado;
   descendió a los infiernos;

al tercer día resucitó de entre los muertos;
subió al cielo, y está sentado a la diestra de Dios Padre
Todopoderoso;
y desde allí vendrá al fin del mundo a juzgar a los vivos y a los
muertos.

Creo en el Espíritu Santo,
la Santa Iglesia Católica,
la comunión de los santos,
el perdón de los pecados,
la resurrección de la carne
y la vida perdurable.

Amén.

Credo de Nicea

Cuando se redactó el Credo de los Apóstoles, el principal peligro era el gnosticismo, que negaba que Jesús fuera verdaderamente humano. Cuando se redactó el Credo de Nicea, el principal peligro era el arrianismo, que negaba que Jesús fuera completamente Dios. Al igual que el Credo de los Apóstoles, la forma actual del Credo de Nicea es diferente del credo redactado en el concilio de Nicea. Se amplió y aclaró en concilios posteriores hasta alcanzar su redacción tradicional que ha estado en uso desde alrededor de 1550.

En las iglesias litúrgicas (con un orden de culto prescrito), este credo se dice en cada servicio como parte de la liturgia. Es aceptado entre los ortodoxos orientales, los católicos romanos, los anglicanos, los luteranos y algunos grupos calvinistas. Como se mencionó en el Capítulo 5, la adición de la *Filioque* ("y del Hijo") por la Iglesia Occidental, y rechazada por la Iglesia Oriental, cimentó el cisma entre las dos iglesias en 1054. Ambas iglesias usan el Credo de Nicea, pero Oriente omite la cláusula inaceptable.

El Credo de Nicea

Creo en un solo Dios, Padre todopoderoso, Creador del cielo y de la tierra, de todo lo visible y lo invisible.

Creo en un solo Señor, Jesucristo, Hijo único de Dios, nacido del Padre antes de todos los siglos: Dios de Dios, Luz de Luz, Dios verdadero de Dios verdadero, engendrado, no creado, de la misma naturaleza del Padre, por quien todo fue hecho; que por nosotros, los hombres, y por nuestra salvación bajó del cielo, y por obra del Espíritu Santo se encarnó de María, la Virgen, y se hizo hombre; y por nuestra causa fue crucificado en tiempos de Poncio Pilato; padeció y fue sepultado, y resucitó al tercer día, según las Escrituras, y subió al cielo, y está sentado a la derecha del Padre; y de nuevo vendrá con gloria para juzgar a vivos y muertos, y su reino no tendrá fin.

Creo en el Espíritu Santo, Señor y dador de vida, que procede del Padre y del Hijo, con el Padre y el Hijo recibe una misma adoración y gloria, y que habló por los profetas. Creo en la Iglesia, que es una, santa, católica y apostólica. Confieso que hay un solo bautismo para el perdón de los pecados. Espero la resurrección de los muertos y la vida del mundo futuro.

Amén.

Credo de Atanasio

Originalmente se creyó que el Credo de Atanasio fue compuesto por el Atanasio del Concilio de Nicea (325), pero investigaciones posteriores han establecido una fecha entre 381 y 428, y que fue escrito en un idioma no utilizado por Atanasio. El origen del credo es desconocido, pero muchos creen que fue formulado para refutar la herejía del modalismo que muchos enseñaban en el siglo III. El modalismo afirma que las distinciones entre las tres Personas de la Trinidad no son permanentes y que son simplemente tres modos, o formas (y nombres), por los cuales Dios ha sido revelado sucesivamente. El credo hace declaraciones directas sobre la Trinidad e incluye la llamada "doble procesión" (del Padre y del Hijo) del Espíritu que más tarde fue incorporada al Credo de Nicea por Occidente.

El credo consta de cuarenta enunciados proposicionales divididos en dos secciones distintas. El primero se enfoca en la doctrina de la Trinidad, expresando lo que los redactores creían que era la comprensión necesaria de Dios en tres Personas como una unidad. La segunda sección se centra en la encarnación, afirmando que en la encarnación hubo una unión de dos naturalezas claramente diferentes, la divina y la humana, unidas en una sola Persona. El credo contiene tres declaraciones de que el contenido del credo debe ser creído para ser salvo. La intención no es que todo tenga que ser entendido en todas sus implicaciones teológicas, sino afirmar que la fe cristiana se trata de lo que Dios, estaba haciendo por la humanidad en Cristo. La Iglesia no conoce otro medio de salvación. Cualquier otra enseñanza acerca de Cristo debe ser rechazada.

Actualmente, el uso litúrgico del credo se limita a las Iglesias Católica Romana y Anglicana.

El Credo de Atanasio

1. Todo el que quiera ser salvo debe, ante todo, guardar la fe católica. Quien no la observe en su totalidad y sin violarla, sin duda perecerá eternamente.

2. Ahora bien, esta es la fe católica: Adoramos a un solo Dios en Trinidad y la Trinidad en unidad,

3. Sin confundir sus personas ni dividir su sustancia.

4. Porque es una la persona del Padre, otra la del Hijo, y otra la del Espíritu.

5. Pero la divinidad del Padre, Hijo y Espíritu Santo es una, igual en gloria, coeterna en majestad.

6. El atributo que tiene el Padre, lo tiene el Hijo y también lo tiene el Espíritu Santo.

7. El Padre es increado, el Hijo es increado, el Espíritu es increado.

8. El Padre es infinito, el Hijo es infinito, el Espíritu Santo es infinito.

9. El Padre es eterno, el Hijo es eterno, el Espíritu es eterno.

10. Y sin embargo, no hay tres seres eternos, hay solo un ser eterno;

11. Como también no hay tres seres increados ni infinitos, sino solo un ser que es increado e infinito.

12. Asimismo, el Padre es todopoderoso, el Hijo es todopoderoso, el Espíritu es todopoderoso.

13. Y sin embargo, no hay tres seres todopoderosos, sino un ser que es todopoderoso.

14. Así también, el Padre es Dios, el Hijo es Dios, el Espíritu Santo es Dios.

15. Y sin embargo no hay tres dioses sino un solo Dios.

16. Asimismo el Padre es Señor, el Hijo es Señor, el Espíritu Santo es Señor.

17. Y sin embargo no hay tres señores, sino un solo Señor.

18. Porque así como la verdad Cristiana nos obliga a reconocer que cada una de las Personas de por sí es Dios y Señor,

19. así la religión católica nos prohíbe decir que hay tres dioses o señores.

20. El Padre no fue hecho, ni creado, ni engendrado por nadie.

21. El Hijo tampoco fue hecho o creado, pero sí fue engendrado solo por el Padre.

22. El Espíritu tampoco fue hecho o creado, pero procede del Padre y del Hijo.

23. Hay, por lo tanto, un Padre, no tres padres; hay un Hijo, no tres hijos; hay un Espíritu Santo, no tres espíritus santos.

24. Y en esta Trinidad, nada es antes o después, nada es mayor o menor;

25. en su totalidad las tres personas son coeternas y coiguales entre sí.

26. De manera que en todo, como quedó dicho antes, debemos adorar su trinidad en su unidad y su unidad en su trinidad.

27. Por tanto, el que quiera ser salvo debe pensar así de la Trinidad.

28. Además, es necesario para la salvación eterna que la persona también crea fielmente en la encarnación de nuestro Señor Jesucristo.

29. Ahora esta es la fe verdadera: Que creemos y confesamos que nuestro Señor Jesucristo, el Hijo de Dios, es tanto Dios como humano, igualmente.

30. Él es Dios, de la sustancia del Padre, engendrado antes de todos los siglos; y él es humano, de la sustancia de su madre, nacido dentro del tiempo;

31. plenamente Dios y plenamente hombre, con un alma racional y un cuerpo humano;

32. igual al Padre según su divinidad, inferior al Padre según su humanidad.

33. Quien, aunque sea Dios y hombre, sin embargo, no es dos, sino un solo Cristo.

34. Él es uno no por la conversión de su divinidad en carne, sino por la asunción de la humanidad en Dios.

35. Él es uno, ciertamente no por confusión de su sustancia, sino por la unidad de su persona.

36. Pues así como el alma racional y el cuerpo es un solo humano, así Dios y hombre es un solo Cristo.

37. Él sufrió por nuestra salvación; él descendió al infierno; él resucitó de entre los muertos;

38. él ascendió al cielo; él está sentado a la diestra del Padre;

39. De donde ha de venir a juzgar a los vivos y a los muertos.

40. A su venida, todos los humanos resucitarán corporalmente

41. y darán cuentas de sus propias obras.

42. Los que han hecho el bien, entrarán a la vida eterna, los que han hecho el mal, entrarán al fuego eterno.

43. Esta es la fe católica: Uno no puede ser salvo sin creer en esto con firmeza y fidelidad.

La Iglesia Cristiana ha empleado declaraciones de credo desde el primer siglo, como se ha rastreado en este capítulo. La Reforma Protestante produjo declaraciones doctrinales de creencias, llamadas "confesiones", para distinguirlas de los primeros credos. Ese término se usa ahora para una declaración de fe o creencia suscrita por un cuerpo eclesiástico, como la Iglesia Católica Romana o una denominación protestante. La mayoría de los cuerpos eclesiásticos que se suscriben a una confesión, generalmente también usan un catecismo. Un catecismo es un resumen de doctrina, presentado en un formato de preguntas y respuestas que se utiliza para instruir a los candidatos al bautismo o la confirmación.

Los credos, confesiones y catecismos utilizados por la iglesia han servido como resúmenes concisos de las Escrituras, y han demostrado ser muy útiles a lo largo de los siglos, para instruir a los discípulos, y como guías para identificar las falsas enseñanzas. Quizás su mayor uso hoy en día podría ser el de motivación para vivir la vida cristiana. "Esto creo" determina "Esto haré".

† † †

<u>Preguntas de repaso</u>

1. ¿Qué es la herejía?

2. ¿Por qué la herejía tiene una connotación negativa en el cristianismo?

3. En el cristianismo, ¿cómo se resolvían las controversias heréticas?

4. Define el término Credo.

5. ¿Cuál es el credo más aceptado entre los cristianos?

Capítulo 9

EL CRISTIANISMO HOY

En este tomo, hemos trazado la historia del cristianismo desde Jesús hasta hoy. Hay un sentido en el que el cristianismo realmente comenzó con Abraham. Abraham fue "llamado a salir" de la cultura pagana idólatra de los caldeos; y de su simiente ha descendido un pueblo "llamado a salir" del mundo a vivir para Dios. A los descendientes de Abraham se les llama judíos, y a ellos se les dio una revelación especial de Dios, un sistema de adoración a Dios, y profetas que hablaban la Palabra de Dios, todo finalmente registrado como Escritura.

Los profetas hablaron de un día en el futuro en el que un Mesías, o Salvador, de los judíos, aparecería en la tierra, dando detalles muy específicos del nacimiento, la vida y la muerte del Mesías. Todas estas profecías se cumplieron en el nacimiento y la vida de Jesucristo de Nazaret. Nació judío y enseñó a los judíos, pero fue rechazado por todos menos por unos pocos judíos. Tras el rechazo de Cristo por parte de los judíos, la salvación fue ofrecida a los gentiles (Rom. 11).

Los pocos judíos que aceptaron a Cristo como su Mesías fueron los primeros cristianos, y de ellos ha surgido la iglesia de hoy ("los llamados"). Por lo tanto, el cristianismo si comenzó en la tierra con

Abraham más de dos mil años antes de Cristo, estando sus raíces en el pueblo judío y con su historia. Su historia de salvación ha sido dejada de lado por un tiempo (Romanos 11) mientras la iglesia hace su historia. Este tomo sólo puede traer esa historia hasta el momento de su redacción.

Desde los tiempos de Cristo, ciertos acontecimientos han demostrado ser puntos de inflexión en la historia de la iglesia; Algunos incluso cambiaron el rostro de la iglesia ante el mundo. El primer punto de inflexión sería la muerte de los apóstoles. Habían sido enseñados por Jesús y eran testigos oculares del Cristo resucitado. El Espíritu Santo de Dios inspiró a algunos de ellos a producir escritos que conformarían el Nuevo Testamento cristiano de la Biblia. Su fallecimiento dejó un vacío en la autoridad que hablaba por Cristo a su iglesia. Como hemos visto, ese vacío se llenó mediante el uso de concilios ecuménicos.

El siguiente punto de inflexión fue cuando el emperador romano Constantino aceptó el cristianismo, lo que pronto llevó a que el cristianismo fuera declarado la religión estatal del Imperio Romano. Antes de Constantino, los cristianos eran una pequeña minoría perseguida. Rápidamente, la situación cambió y los que no decían ser cristianos fueron perseguidos. Al número de verdaderos creyentes en Cristo se añadieron multitudes de adherentes no regenerados que buscaban evitar la persecución. La iglesia perdió su pureza y su poder.

Durante unos cien años después de Constantino, el emperador romano ejerció autoridad sobre la iglesia, ya que era la religión del estado. Otro punto de inflexión se produjo cuando el Imperio Romano se estaba desmoronando a medida que el poder político del imperio se debilitaba frente a sus enemigos. León I, obispo de Roma, se enfrentó a los hunos en 452 y los convenció de que se retiraran de Italia. Tres años más tarde, en ausencia de un emperador, León negoció con los vándalos para evitar la destrucción de Roma cuando conquistaron Italia. De repente, el obispo de Roma fue visto como un líder político y religioso. León elevó el estatus y el prestigio del Obispo de Roma a los ojos del mundo y de la Iglesia, allanando el camino para un papa infalible.

Los siguientes dos puntos de inflexión fueron las grandes divisiones en la iglesia. El primero fue el Gran Cisma de 1054, cuando las diferencias entre la Iglesia de Oriente, con sede en Constantinopla, y la Iglesia de Occidente, con sede en Roma, se dividieron oficialmente en la Iglesia Ortodoxa Oriental y la Iglesia Católica Romana. Esta división le dio al cristianismo dos caras en el mundo. La siguiente división importante fue la Reforma Protestante del siglo XVI, que nuevamente dividió a la Iglesia Católica Romana y le dio al cristianismo tres rostros en el mundo.

Los albores del siglo XXI encontraron a la iglesia en otro punto de inflexión en su historia. La última mitad del siglo XX fue testigo de tremendos cambios en el mundo y en el cristianismo. No hubo guerras mundiales en la escena política, por lo que la filosofía y la religión pudieron tomar sus cursos respectivos. Las filosofías de la Ilustración y el Modernismo de los siglos anteriores decían que la razón humana podía saberlo todo y hacer del mundo un lugar mejor. A mediados del siglo XX, los filósofos parecían reconocer lo que la Biblia ha dicho todo el tiempo, la razón humana no puede saberlo todo, y la humanidad está empeorando, no mejorando. La filosofía que se ha desarrollado desde entonces se llama posmodernismo y ha intentado deconstruir cómo se comunican los humanos y lo que pueden saber. Se dice que el lenguaje y el conocimiento dependen totalmente del contexto, que cambia de hablante a oyente, de escritor a lector y de maestro a alumno. En otras palabras, no hay verdades absolutas que comunicar, ya que todo es relativo al propio contexto. Esta filosofía se ha apoderado de la cultura occidental y ha cambiado la forma de pensar de las personas y los valores que sostienen. Las cosas se están redefiniendo para adaptarse a las preferencias personales y se están cambiando los valores fundamentales de la sociedad occidental. Se da preferencia a los derechos individuales sobre las normas sociales. En el momento de escribir este artículo, la cultura occidental se encuentra en un estado de cambio.

¿Y qué del cristianismo? Desde la Reforma, la Iglesia Protestante se ha fracturado en muchas denominaciones diferentes e iglesias independientes. La idea de los reformadores protestantes de que cada individuo debería ser capaz de leer e interpretar las Escrituras por sí mismo sentó las bases para las divisiones sobre la doctrina. Con pocas excepciones, la filosofía del posmodernismo se ha infiltrado en la iglesia en Occidente hasta el punto de que ella también se encuentra en un estado de cambio. La iglesia de hoy tiene una multitud de rostros. El vocabulario cristiano ha perdido su contexto de significado bíblico; por lo tanto, el mundo acepta como cristiana a cualquier grupo que se llame a sí mismo "cristiano". La filosofía posmoderna de la deconstrucción ha deconstruido gran parte de la iglesia en Occidente. Lo tradicional ha dado paso a lo contemporáneo, y lo formal ha dado paso a lo casual. Las estructuras permanentes de las iglesias de piedra o ladrillo con bancos fijos y púlpitos han dado paso a edificios modulares de acero de usos múltiples, donde incluso las paredes no son permanentes. Gran parte de la teología ha pasado de lo sagrado a lo social. La versión King James de la Biblia que se usó en las iglesias protestantes anglosajonas durante más de trescientos años ha dado paso a una selección de docenas de versiones, todas con una lectura diferente a las demás. Para el observador casual, el cristianismo tiene poca evidencia visible de permanencia histórica y, al igual que la cultura, está en un estado de cambio. Fuera de Occidente, la iglesia está creciendo y encontrando su propio camino.

La rápida expansión del cristianismo en el hemisferio sur durante las últimas décadas del siglo XX ciertamente enfatiza el hecho de que el cristianismo se encuentra en un punto de inflexión. Hoy en día, la teología cristiana se está alejando de lo sagrado y se está volviendo más social, ya que la mayoría de los cristianos viven ahora en América Latina, África y Asia, áreas plagadas de problemas sociales de VIH/SIDA y pobreza, y problemas políticos de opresión y gobernantes autoritarios que ignoran los derechos humanos básicos. En consecuencia, la iglesia está siendo apartada de la guerra espiritual para ocuparse del bienestar social. Hay una competencia por las ofrendas cristianas entre el expandir el Reino de Dios y reformar el Reino de Satanás, el dios de este mundo. Pero esto también es un asunto de teología. ¿Va a ser reformado el sistema de este mundo antes de la segunda venida de Cristo, o va a regresar Cristo mismo para reformarlo? En temas ambientales, la iglesia está lidiando con la cuestión de si Dios o el hombre defiende el planeta. Hoy en día vemos una multitud de temas que piden a gritos la atención de la iglesia. Los individuos cristianos están reclamando su derecho a interpretar las Escrituras como mejor les parezca, y en este punto de inflexión, el cristianismo está girando en muchas direcciones diferentes.

El camino a seguir para el cristianismo se determina mejor dando la vuelta y mirando hacia atrás a través de la historia cristiana hasta Jesucristo. La era de Jesús y sus apóstoles, y de la iglesia del primer siglo, ha servido históricamente como modelo para todas las épocas sucesivas de la iglesia verdadera. El cristianismo se trata de Cristo, que vino al mundo para salvar a los pecadores. Que la iglesia cristiana recuerde eso, y que ella define el cristianismo moderno.

† † †

Preguntas de repaso

1. ¿De qué manera comenzó el cristianismo con Abraham?

2. Desde el tiempo de Cristo, ha habido ciertos eventos que han demostrado ser puntos de inflexión en la historia de la iglesia. Nombra algunos de estos puntos de inflexión.

3. La segunda mitad del siglo XXI fue testigo de tremendos cambios en el mundo y en el cristianismo. ¿Cuál es el mejor camino hacia adelante para el cristianismo y la iglesia de hoy?

LECTURAS SUGERIDAS

Bercot, David W, *A Dictionary of Early Christian Beliefs.* (*Diccionario de las creencias cristianas primitivas.*) Estados Unidos: Hendrickson Publishers, Inc., 1998.

Berkhof, Louis, *The History of Christian Doctrines.* (*Historia de las doctrinas cristianas.*) Reino Unido: Banner of Truth Trust, 1937.

Cairns, Earle E, *Christianity Through the Centuries.* (*El cristianismo a través de los siglos.*) U.S.A.: Zondervan Publishing Casa, 1981.

Eusebio, *The History of the Church.* (*Historia de la Iglesia.*) U.S.A.: Dorset Press, 1965.

Hill, Jonathan, *Lion Handbook: History of Christianity.* (*Manual del León: Historia del Cristianismo.*) Reino Unido: Lion Hudson Plc, 1996.

Kane, J. Herbert, *A Concise History of the Christian World Mission.* (*Una historia concisa de la Misión Mundial Cristiana.*) U.S.A.: Panadero Casa del Libro, 1982.

Latourette, Kenneth Scott, *Christianity Through the Ages.* (*El cristianismo a través de los siglos.*) U.S.A.: Harper & Row, Editores, 1965.

Neill, Stephen, *A History of Christian Mission.* (*Una historia de la misión cristiana.*) U.S.A.: Penguin Group, 1986.

Schaff, Felipe, *The History of the Christian Church (La Historia de la Iglesia Cristiana)*, 8 volúmenes. Estados Unidos: Hendrickson Publishers, Inc., 1985.

Shelley, Bruce L, *Church History in Plain Language. (La historia de la Iglesia en lenguaje sencillo.)* U.S.A.: Word Publishing, 1995.

Vos, Howard F, *Highlights of Church History. (Aspectos destacados de la historia de la Iglesia.)* U.S.A.: Moody Press, 1960

GLOSARIO

ABSOLUCIÓN – Acto formal de perdonar pecados por un sacerdote ordenado en virtud del poder que se le concede en Juan 20:23. Los pecados morales son absueltos sólo por un sacramento de penitencia. (RCC)

ábside - Extremo semicircular de un edificio cubierto por un techo abovedado, que se encuentra en la arquitectura eclesiástica tipo basílica.

BASÍLICA - Edificio de la iglesia cristiana que tiene una nave y un ábside semicircular.

BLASFEMIA – Falta de respeto a Dios.

CANON – Varilla de medición o estándar aceptado; se usa para referirse a los libros aceptados de la Biblia.

CATACUMBAS – Cámara subterránea con huecos para tumbas.

CATEDRAL - Iglesia principal de una diócesis donde el obispo tiene su cátedra o asiento.

PADRES DE LA IGLESIA – Líderes de la iglesia primitiva que son autoridades aceptadas en asuntos de doctrina.

CONFESIÓN – 1. Acto de reconocer el pecado. 2. Profesión de fe.

CONTRICIÓN – Forma de arrepentimiento definida como tristeza del corazón y aborrecimiento del pecado cometido, con la intención de no pecar en el futuro. (RCC)

DIASPORA – Dispersión de los judíos fuera de Palestina.

DIÓCESIS - Distrito sobre el cual un obispo tiene control.

ECLESIOLOGÍA – Estudio de la iglesia y su gobierno.

FEUDAL/FEUDALISMO - Sistema legal y social en la Europa medieval, en el que las personas recibían tierras y protección de un señor, a cambio de lo cual, trabajaban y luchaban por él.

GENTILES – Personas que no son judías.

GNÓSTICOS - Creyentes en una religión herética que enfatizaba la salvación a través de una gnosis secreta, o conocimiento.

TEMEROSOS DE DIOS – Creyentes gentiles en el Dios de los judíos que asistían regularmente a la sinagoga judía

HEBREO – Judío o israelita.

HELENISTA: judíos que hablaban griego y adoptaron un estilo de vida más libre que los judíos más conservadores.

ÍCONO - Pintura religiosa, generalmente sobre madera, venerada en la Iglesia Ortodoxa Oriental.

ICONOCLASTA – Persona que destruye iconos.

ENCARNACIÓN – Doctrina cristiana de que Dios el Hijo se hizo hombre, siendo investido con una naturaleza y forma corporal.

INDULGENCIAS – Perdón del castigo temporal por el pecado después de que la culpa ha sido perdonada. (RCC)

INQUISICIONES: tribunal católico romano para la investigación, enjuiciamiento y castigo de herejes impenitentes.

ISRAELITA: judío que afirma ser descendiente de Jacob y, por lo tanto, de Abraham.

JUDÍO – 1. Persona cuya religión es el judaísmo. 2. Descendiente de los antiguos hebreos o israelitas.

LITURGIA - Forma prescrita para el culto público o corporativo.

NAVE - Parte central del edificio de una iglesia, que se extiende desde la entrada hasta el altar y flanqueada por las naves laterales.

ORTODOXO - Adherirse a la doctrina aceptada o establecida.

PALESTINA - Área de tierra en el Medio Oriente entre el río Jordán y el mar Mediterráneo ocupada por Israel y Cisjordania.

PENITENCIA - Contrición por los pecados post-bautismales por alguna forma externa como satisfacción adecuada al pecado sobre la base de que es mejor ser castigado en este mundo que en el otro. (RCC)

PENTECOSTÉS – 1. Fiesta judía observada 50 días después de la fiesta de la Pascua. 2. Celebración cristiana el séptimo domingo después de Pascua para conmemorar la venida del Espíritu Santo sobre los discípulos.

PURGATORIO - Estado o lugar de purificación antes de la admisión al cielo. (RCC)

SACRAMENTOS – Ritos instituidos por Jesucristo que confieren la gracia santificante. La Iglesia Protestante sostiene dos: el bautismo y la comunión. La Iglesia Católica Romana sostiene siete: el bautismo, la confirmación, la comunión, la penitencia, la extremaunción, las órdenes y el matrimonio.

SATISFACCIÓN: Elemento de penitencia, después de la contrición y la confesión, para obtener la absolución. (RCC)

CISMA – Separación de una iglesia de otra por cuestiones que pueden ser doctrinales o no doctrinales.

SEPTUAGINTA – Traducción griega del Antiguo Testamento hebreo hecha en el siglo III a.C.

SIMONÍA: La compra y venta de oficios eclesiásticos.

SÍNODO - Cuerpo representativo de una diócesis o provincia, que a veces se reúne como consejo.

TESORO DE MÉRITOS – Acumulación de méritos adquiridos por Cristo y los santos, los cuales son dispensados bajo ciertas condiciones a los pecadores que los necesitan. (RCC)

VICARIO – Iglesia de Inglaterra: sacerdote que está a cargo de una parroquia. Católico Romano: un oficial de la iglesia que actúa como adjunto de un obispo.

VICARIO DE CRISTO – El Papa como representante de Cristo en la tierra. (RCC)

NOTA: (RCC) indica un uso limitado a la Iglesia Católica Romana, por sus siglas en inglés.

www.ingramcontent.com/pod-product-compliance
Lightning Source LLC
Chambersburg PA
CBHW061757120626
46550CB00005B/2025